Pon al CIELO a TRABAJAR

16ª edición: septiembre 2022

Título original: Hiring the Heavens
Traducido del inglés por Julia Fernández Treviño
Diseño de portada: Carlos Gutierrez

© de la edición original
Jean Slatter

© de la presente edición
EDITORIAL SIRIO, S.A.
C/ Rosa de los Vientos, 64
Pol. Ind. El Viso
29006-Málaga
España

www.editorialsirio.com
sirio@editorialsirio.com

I.S.B.N.: 978-84-7808-589-7
Depósito Legal: MA-1239-2016

Impreso en Imagraf Impresores, S. A.
c/ Nabucco, 14 D - Pol. Alameda
29006 - Málaga

Impreso en España

Puedes seguirnos en Facebook, Twitter, YouTube e Instagram.

Cualquier forma de reproducción, distribución, comunicación pública o transformación de esta obra sólo puede ser realizada con la autorización de sus titulares, salvo excepción prevista por la ley. Diríjase a CEDRO (Centro Español de Derechos Reprográficos, www.cedro.org) si necesita fotocopiar o escanear algún fragmento de esta obra.

Jean Slatter

Pon al Cielo a Trabajar

Una guía práctica para trabajar
con los Espíritus de la Creación

Editorial SIRIO

Elogios para

Pon al cielo a trabajar

Contar con asistencia espiritual en la vida cotidiana –¡vaya idea!–. No es frecuente pedir ayuda, a menos que nos enfrentemos a un problema realmente importante o a una situación que ponga en peligro nuestra existencia. Jean aborda todas las ideas preconcebidas sobre el acto de «pedir» y presenta un libro claro, conciso y práctico que nos enseña a recurrir a poderes ilimitados. Con esta información, la vida se vuelve mucho más sencilla.

Susan Bryant, autora de Beyond the B. S.
Belief System Restructuring.

Leí el libro prácticamente en una hora y comencé a crear grupos de trabajo inmediatamente. Muchos de ellos han realizado trabajos fantásticos y han conseguido que mi vida sea más próspera y fluida. Por ejemplo, contraté un grupo para las gestiones inmobiliarias y al cabo de cinco días conseguí un nuevo sitio para vivir que se adecuaba perfectamente a mis necesidades. Los equipos de trabajo especializados en marketing me consiguieron nuevos negocios. Las tareas son infinitas y los seres angélicos se sienten muy felices al ayudarnos porque dichas tareas los ayudan a crecer y a evolucionar. Gracias, Jean, por publicar este libro.

Tiffany Cano, instructora titulada de sanación pránica.

A nuestros clientes les gusta el enfoque simple y directo de Jean para crear una mano de obra espiritual que nos asista profundamente en todos los aspectos de nuestras vidas.

Stephen Chroniak, coordinador de eventos
en East West Books, Sacramento, California.

El libro nos ofrece un antiguo mensaje al que por fin le ha llegado el momento de ser divulgado. No es necesario ser religioso, en ningún sentido de la palabra, para dejarse inspirar por este librito eminentemente práctico.

Laurie M., San José, California.

¡Este libro no sólo me mostró la puerta que estaba buscando; también la abrió!

Nancy S., Colfax, California.

Asistido por mi mano de obra celestial, estoy preparado para afrontar cualquier desafío. Este libro me ha enseñado a trabajar con los ángeles.

Un lector, San José, California.

¡Funciona, de verdad funciona! Resulta divertido poner en práctica las ideas expuestas en este libro y, además, su lectura es fácil y fluida.

Karen L. Stalie, propietaria, Earth Angels, Redding, California.

Prefacio

Preparando el escenario

pon al cielo a trabajar

Han sido mis guías quienes me impulsaron a escribir esta obra. Al principio ni siquiera era capaz de imaginar cómo conseguiría llenar un libro con mis ideas. ¡Me parecían demasiado simples! Las había estado utilizando durante años sin ningún esfuerzo ni entrenamiento especial y formaban parte de mi vida, hasta el punto de no pasar jamás ni un solo día sin recurrir a ellas. Sin embargo, no tardaba más de diez minutos en compartir todo el proceso con mis amigos, de modo que ¿cómo me las arreglaría para ampliar el material lo suficiente como para llenar un libro? A pesar de todo, mi guía interior insistió en que debía hacerlo.

Pronto caí en la cuenta de que la simplicidad de mi proceso era su mayor belleza. Me encantaba la idea de ofrecer un camino hacia el Espíritu que se pareciera mucho a un juego infantil sencillo y claro, que dejara volar a la imaginación del lector. Quería que mi libro fuera breve y agradable y que, al mismo tiempo, ofreciera innumerables posibilidades: que se pudiera leer en unas pocas horas y, aun así, que modificara potencialmente las percepciones del lector de una forma profunda y duradera.

Sabía que tendría que encontrar un modo de describir lo que entiendo por Espíritus de la Creación que inspirara al lector en lugar de limitarlo. Decidí utilizar varios términos (ayudantes celestiales, asistentes invisibles, fuerzas cósmicas, ángeles, guías, Espíritu, el Cielo, lo Divino y demás) que pudieran ser interpretados tanto literal como simbólicamente, dependiendo de cada lector. Sabía también que muchas personas considerarían a los Espíritus de la Creación como seres reales, mientras que otras los verían como facetas de su propio ser interior o superior, o simplemente como una manera práctica de conceptualizar la benevolencia y los recursos infinitos de la dimensión no física. ¡O de todos los seres superiores! Pero mi mayor deseo era que mi libro abriera una hermosa puerta que pudiera ser traspasada por lectores de diferentes niveles de conocimientos y todo tipo de opiniones.

Así fue como en la primavera del 2002 me puse manos a la obra y presencié cómo mis ideas comenzaban a tomar forma y adquirir profundidad, sin perder su preciada simplicidad. A medida que el libro evolucionaba, mi propia conciencia personal sobre quiénes somos en realidad y qué hemos venido a hacer en el mundo se ampliaba radicalmente.

Muchos maestros espirituales nos enseñan que la vida es un don que debe ser vivido en alegre sincronización con nuestro origen divino. Sólo pocos años atrás llegué a entender que para conseguir esa sincronización debía poseer, aceptar y *emplear* esa parte divina de mi ser. De lo contrario, mi esencia y mi propósito en esta vida no se expresarían completamente.

¿Contratar a mi propia divinidad? Exactamente, ¿qué significa esto? Advertí que para mí la respuesta residía en crear mi propia realidad, una idea muy popular en estos días pero que sólo empecé a considerar con seriedad cuando comprendí el concepto de contratación que se describe en este libro. En última instancia, supuso un cambio de percepción que modificó mi punto de vista sobre todas las cosas.

Todo comenzó cuando por fin entendí que no me encontraba sola, que los ayudantes espirituales estaban a la espera, dispuestos a participar en la expresión creativa de mi divinidad. Sintiéndome una con el Espíritu, advertí que era la dueña de mi universo y la diseñadora de mi mundo. Fue un mensaje de libertad y poder.

Debo admitir que gran parte de lo que estoy a punto de compartir con vosotros fue una gran sorpresa para mí. Presenciar cómo se desarrollaba el proceso constituyó una experiencia estimulante, aunque también generó cierta resistencia interna. Al principio sentí que parte de esta revelación lindaba con la irreverencia. Reconozco ahora que mi aprensión era un reflejo de los sufrimientos, cada vez mayores, que surgían en mi conciencia. Mientras mi espíritu se ampliaba y alcanzaba una comprensión más completa de todas las cosas, nuevas percepciones reemplazaban las creencias que ya no me servían.

Cuando decidí compartir esta información, recibí respuestas sinceras de muchas personas que también oían un susurro interior que las urgía a organizar sus vidas en colaboración con el poder del Universo. Llegué a verme a mí misma como un puente y a considerar que mi misión era conectar a los demás con el mundo espiritual de una forma fácil y tangible. Escribir este libro fue un paso inevitable en mi camino hacia la aceptación de mi propio poder divino y hacia la tarea de inspirar a los demás para que hicieran lo mismo.

Capítulo 1
Trayendo el Cielo a la Tierra

Pon al cielo a trabajar

¿Te sientes conectado con el Espíritu? No me refiero a si has sido educado según ciertos principios religiosos o a si profesas alguna fe. Estoy hablando de sentirse conectado con el poder del Cielo y de traerlo a la Tierra para utilizarlo en tu vida cotidiana.

Para muchas personas, la conexión espiritual significa acudir a la iglesia y rezar. Sin embargo, a pesar de estar convencidas de que tienen alma o espíritu, se sienten separadas del poder que rige al Universo. Pueden venerarlo y crear religiones en torno a Él, pero esto sigue siendo algo exterior a ellas. Sólo en tiempos de crisis, o cuando están sirviendo a una causa noble, se sienten justificadas para invocar dicho poder, pero incluso entonces creen que la respuesta (o la ausencia de ésta) procede de Dios.

Incluso quienes nos sentimos uno con el Espíritu a menudo también tenemos dificultades para percibir tan formidable fuerza como algo tangible y viable en nuestra vida diaria. La idea de que todos somos parte de Dios puede ser muy inspiradora, pero no deja de ser una bella metáfora a menos que seamos capaces de asimilarla paulatinamente.

Lo que realmente necesitamos es mejorar nuestra vida, encontrar la forma de ser más felices y estar más relajados: conseguir un trabajo satisfactorio, tener un matrimonio bien avenido, ayudar a nuestros hijos, ser un buen amigo, pagar nuestras cuentas y reducir el estrés en nuestra vida. Todos deseamos vivir cada día con la mayor gracia y sabiduría posibles.

Necesitamos ayuda con las cosas importantes de la vida, los altibajos, los desafíos y las aspiraciones de cada día. Si el poder del Cielo no se puede llevar hasta ese nivel, entonces ¿cuál es su uso terrenal? Yo no tengo previsto crear planetas en un futuro cercano. ¿Y tú?

Resulta sorprendente que a pesar de que muchos de nosotros estamos convencidos de ser receptáculos divinos moldeados en una forma física, en cuanto tenemos que resolver cualquier problema mundano –como el pago de una factura o una fecha de vencimiento inminente– nos olvidamos por completo de ello. Aunque pensamos que hemos nacido con el poder que creó el mundo, nos desmoronamos en cuanto tenemos que organizar un plan de trabajo efectivo. En cierto sentido, nuestra verdadera naturaleza queda sofocada bajo el constante murmullo de nuestras mentes inquietas, nuestras vidas agitadas y nuestros miedos perturbadores. A pesar del apoyo omnipotente, reconfortante y tranquilizador que nos proporciona la religión popular en nuestros días, nos sentimos solos.

¿Y si todo esto pudiera ser distinto? Vamos a analizar un cambio de percepción que propiciará tu conexión con la fuerza creativa del Cielo de un modo tan real que casi podrás estirarte y alcanzarla; una percepción que tornará las conocidas (aunque abstractas) expresiones del tipo: «Dios está dentro de ti» o «Pide y recibirás» en algo inmediato y real. De repente, el poder expansivo del Universo, con el cual parecía imposible poder relacionarse, se encontrará precisamente en la palma de tu mano. Dios –y todo el Cielo– se convertirá en tu aliado y confidente, se sentará junto a ti y apoyará cada uno de tus propósitos.

En estas páginas descubrirás una forma nueva y revitalizada de observar la espiritualidad que, de ahora en adelante, te traerá a Dios con gentileza a la Tierra cada vez que lo necesites. Y considera lo siguiente: ¿y si ése es exactamente el lugar donde Él siempre ha deseado estar? Quizás Él ha estado llamándote todo el tiempo para recordarte que eres una extensión de su Ser y que, como tal, tu prerrogativa –y la misión que Dios te ha encomendado– es hacerte cargo de este poder omnipresente. En lo que a mí respecta, el mensaje más importante de mi libro es: *por diseño divino somos creadores, y es nuestro derecho por nacimiento –y, en verdad, nuestra directriz– ejercer gozosamente el poder del Universo.*

Merece la pena repetir esto: somos extensiones de la energía creativa del Universo, cuyos vastos recursos están siempre a nuestra disposición. La misma fuerza creativa que existe desde el inicio de los tiempos es nuestra naturaleza esencial. A través de cada uno de nosotros fluye una energía dinámica que nos pertenece y que podemos utilizar deliberadamente para crear la vida que deseamos. Su potencial es ilimitado, infinito y nos *pertenece* a todos.

Cuando nos consideramos creadores autorizados por lo divino, sucede algo sorprendente. La transformación es inequívoca y vivimos la vida desde una posición ventajosa. Reconocemos nuestra autoridad para convocar los infinitos recursos del Cielo y su entusiasta asistencia, que está a nuestra disposición para todo lo que emprendemos. Descubrimos que gracias a nuestra conexión con este increíble poder, es posible organizar y simplificar todas las tareas concebibles y resolver todos los problemas imaginables. Esta nueva conciencia nos permite modelar nuestra vida con determinación, fomentando el goce y la realización de una forma tan sencilla que casi parece un milagro. A partir de ahora, nuestra vida puede ser la alegre y deliberada expresión del origen de toda creación y de todas las posibilidades. Finalmente, el Cielo se puede traer a la Tierra.

De hecho, se trata de algo bastante simple. Está tan cerca de ti como tu próximo pensamiento, o incluso más. Tu vida puede cambiar definitivamente, aunque sólo leas los primeros capítulos de este libro.

Tal como afirma Oliver Wendell Holmes: «Cuando una mente se abre gracias a una nueva idea, jamás puede retornar a sus dimensiones originales».

¿Estás preparado para abrir tu mente?

Capítulo 2
Contrataciones en el Reino Espiritual

A modo de diversión, imagina que el mundo espiritual es tan diverso y variado como nuestro mundo físico. Imagina que en él existen todas las personalidades, los estilos, las destrezas, los intereses, las motivaciones, los talentos y los recursos que tenemos los humanos. Por ejemplo, aquí en la Tierra encontramos personas con todo tipo de rasgos de personalidad. Algunas son graciosas, otras son analíticas, las hay espontáneas o asertivas, y también eficientes. Hay gente que posee todos los talentos y las habilidades concebibles. Algunos son maestros excepcionales, otros negociadores, jardineros, consejeros o cuidadores de niños.

Imagina ahora que todas las características y los trabajos mencionados también existen en la dimensión no física, y que cada tema o materia tiene una contrapartida en el Reino Espiritual. La ciencia, las matemáticas, el arte, la música, la filosofía, la construcción y cualquier otra disciplina tienen dobles espirituales. A todo talento o a toda habilidad que exista en la Tierra, le corresponde una energía no física.

A continuación, imagina que todo este Universo de expertos y atributos celestiales está a tu disposición con sólo pedirlo. Imagina que los Espíritus de la Creación están preparados para ayudarte a crear tu propio mundo. Recuerda que no solamente tienes el poder de hacer que la creatividad fluya a través de ti, sino que es tu derecho divino, es incluso una *misión* divina.

Yo ya he comprobado que lo que acabo de describir es cierto. ¿Cómo podría esta realidad cambiar tu vida? ¿Qué pasaría si todas estas habilidades, características y talentos estuvieran realmente al alcance de tu mano?

Las Páginas Amarillas del Universo

Vamos a ir todavía un poco más lejos imaginando que todos nosotros tenemos acceso a la versión completa de las Páginas Amarillas del Universo, las cuales son revisadas cada minuto. La próxima vez que necesites un talento especial o una determinada habilidad, ¡echa a volar tu imaginación! Frente a cualquier proyecto o necesidad, te invito a abrir las Páginas Amarillas del Universo para elegir aquellos profesionales con las habilidades y los conocimientos idóneos para ayudarte.

Si existe aquí en la Tierra un talento o una habilidad, ten por seguro que en las Páginas Amarillas del Universo hay una sección dedicada a ellos. De hecho, aunque jamás hayas oído hablar de alguien con las características o los conocimientos exactos que estás buscando, debes confiar en que en algún lugar del Universo existe precisamente el ser que necesitas, dispuesto a prestarte sus servicios y a la espera de que se lo solicites.

Es muy sencillo trabajar con este concepto porque utiliza un modelo con el que ya estás familiarizado. Tu mente consciente sabe perfectamente cómo contratar a un ayudante a través de las Páginas Amarillas físicas; por lo tanto, imaginar que haces lo mismo en la dimensión no física será también un proceso muy sencillo. De pronto, conectarse con el Espíritu resulta tan factible como cualquier otra tarea. Tú creas el pensamiento, solicitas el talento, la energía y la habilidad que necesitas y, a continuación, tu petición comienza a materializarse.

Contempla por un momento con qué facilidad las cosas ocupan el lugar que les corresponde, como si estuvieran destinadas a ello. Observa los encuentros casuales que se producen inintencionadamente, como si fueran el guión de una representación teatral. Piensa en esas ocasiones en que sientes el impulso de dirigirte a algún sitio en particular y, cuando te dejas llevar por él, te encuentras en el lugar exacto en el momento oportuno. ¿No sería maravilloso aumentar la frecuencia de estas «sorprendentes coincidencias»? Esto es precisamente lo que puede suceder cada día, si abres las Páginas Amarillas Universales y dejas que el Universo organice y coordine todos los detalles de tus intenciones.

Primero piensa en el Cielo

En el plano físico siempre parece que estamos trabajando con recursos limitados: nunca tenemos suficiente dinero, ni suficiente tiempo, ni suficientes personas o expertos a quienes acudir. Si modificamos nuestra percepción del Universo, estas restricciones dejarán de existir. Para ello, imagina, simplemente, que tienes todo el dinero, el tiempo y los recursos del mundo para contratar cualquier tipo de ayuda que se te ocurra.

Supongamos que estás organizando un viaje al extranjero. Te animo a que, *antes que nada*, pienses en la fuente inagotable de recursos celestiales y contrates un agente de viajes espiritual y un coordinador espiritual de actividades para que te ayuden a que tu próximo viaje sea el más placentero que hayas hecho jamás. ¡Pero no te detengas aquí! Recuerda que tus ayudantes invisibles pueden facilitarte cualquier tarea que te propongas. Puedes convocar a un guía turístico espiritual para que te enseñe los sitios más interesantes, a un traductor espiritual para que te ayude a salvar la barrera de un idioma desconocido y a un comediante espiritual para asegurarte de que el viaje sea realmente divertido.

Del mismo modo, si deseas conseguir una nueva casa piensa primero en el Cielo y contrata un agente inmobiliario espiritual.

¿Preparado para conseguir un trabajo mejor? Busca inspiración con la ayuda de un asistente del mundo espiritual que esté especializado en buscar empleos.

¿Buscas un nuevo coche? Contrata a un vendedor de automóviles espiritual.

¿Tienes demasiadas obligaciones? Solicita un ayudante espiritual que te enseñe a administrar tu tiempo.

¿Tienes problemas con tu ordenador? Pide un informático espiritual para que te ayude a resolver el problema.

¿Te sientes intranquilo mientras conduces tu coche por un vecindario que no conoces? Llama al 091 espiritual y solicita una escolta de policía celestial.

¿Empiezas a comprender la idea? Recurriendo a las aptitudes del Universo puedes mejorar cada aspecto de tu vida. La ayuda de lo Divino puede simplificar todo lo que emprendas. ¡Piensa primero en el Cielo, y se lo agradecerás!

Ángeles que esperan que los contrates

Mi guía desea hacerte saber que existen miles de ángeles sin empleo. Nunca consideres que tu problema es demasiado trivial como para solicitar ayuda divina. Tampoco debes pensar que puedes molestar a los asistentes espirituales. ¡No sólo no los incordias, sino que además les ofreces un trabajo! Piensa en el mundo del Espíritu como si fuera alguien con quien puedes hablar de cualquier cosa, o de nada en particular. No hay motivo para darse aires ni para hablar con una voz rígida y formal. El Espíritu te conoce. Sé franco, espontáneo, incluso tonto o ridículo: sé cualquier cosa que te haga sentirte cerca de esa energía increíblemente cálida y amorosa. Debes saber que el Espíritu se siente honrado de que lo incluyas en cada detalle de tu vida. En realidad, ahí es donde encontrarás amor incondicional y al mejor amigo que jamás hayas tenido.

Tarjeta Ángel Express

Para que el proceso de contratar ayudantes celestiales sea todavía más divertido, imagina que te han dado una tarjeta de crédito celestial (*sin* límite de crédito) que es aceptada en todas partes. Está a tu entera disposición y con ella podrás contratar ayudantes invisibles que te auxiliarán a concretar tus sueños y objetivos, tus proyectos, tus relaciones, tu vida laboral y tu diversión del momento.

En la página 107 encontrarás un par de tarjetas Ángel Express, singulares recordatorios de los abundantes recursos que siempre estarán a tu disposición allí donde vayas. ¡Lleva una en tu cartera y nunca salgas de casa sin ella!

Capítulo 3
Da trabajo ya

Pon al cielo a trabajar

Ahora que ya posees tu tarjeta Ángel Express, estás preparado para comenzar a emplear ayudantes celestiales. Pronto apreciarás que cuando haces contrataciones en el mundo espiritual, no necesitas revisar solicitudes, leer currículums ni concertar ninguna entrevista. Se trata de un proceso muy simple que no requiere ningún esfuerzo; tan sólo debes dejar volar tu imaginación. Recuerda que cuando eras niño, no tenías ningún problema para imaginar las aventuras más emocionantes o los deseos más fantásticos. Expresar nuestros deseos y pedir que se materializaran era nuestra segunda naturaleza. Seguramente recordarás cómo jugabas en tu propio mundo lleno de personajes imaginarios. Podías ser un náufrago que había conseguido llegar a una isla, salvado por un grupo de amables pobladores. O acaso eras un detective convencido de estar a punto de resolver un caso con la ayuda fortuita de unos vendedores ambulantes. Independientemente de cuál fuera el juego, sabías que podías crear personajes a voluntad e incluso cambiarlos en mitad de la historia si eso resultaba conveniente para tu plan. Nunca se te habría ocurrido pensar que podía existir alguna restricción con respecto al número de personajes que intervenían en tus juegos, ni a su nivel de prestigio o jerarquía. Si querías un rey o un pordiosero, no tenías más que imaginarlos.

Contratar ayudantes del Reino Espiritual es prácticamente lo mismo. Vuelve a conectarte con el niño que hay en ti e imagina la aventura más fantástica que puedas concebir. Experimenta tu vida cotidiana creando un mundo secreto, *dentro* de tu propio mundo, que te ofrezca ayuda a cada paso. Desabróchate el cinturón de las restricciones y olvídate de cualquier idea de limitación. Abre las Páginas Amarillas Universales y disfruta mientras dejas que tu mente se abra, descubriendo la forma de acceder a cualquier energía que desees invocar sin ningún tipo de condiciones. Si crees que la visualización es una técnica efectiva, puedes visualizarte entregando a tus asistentes celestiales una descripción completa de sus tareas. O quizás te resulte más natural hacer una simple petición verbal, como por ejemplo: «En esta situación debería recurrir a un experto». ¡No importa el método que utilices! El único requisito es tu intención. Limítate a intentarlo y la ayuda te llegará. Recuerda que puedes contar con ella para cualquier aspecto de tu vida, desde el más mundano hasta el más profundo.

Anímate a soñar con lo que más deseas

Cuando somos adultos dejamos de soñar y de imaginar, porque pensamos que tenemos que ser capaces de prever el curso de las cosas. Nos sentimos inhibidos por las normas y las estadísticas de la vida de los demás. Te animo a que delegues el *cómo* a tu mano de obra celestial. Cada vez que otra persona te diga lo que es posible o imposible basándose en su propia experiencia o comprensión, guarda silencio y piensa: «Bien, pero eso no es verdad en mi mundo». Sonríe a sabiendas de que tu poderoso equipo espiritual no está restringido por dichas normas y estadísticas. Desde el lugar de la gracia, todas las cosas son posibles. De manera que sigue adelante y atrévete a soñar con el mayor deseo que puedas imaginar. Intenta alcanzar tu objetivo aunque los demás opinen que es imposible. Eres un creador y el Cielo apartará las aguas del mar y desplegará la alfombra roja ante ti para brindarte todo su apoyo. Aventúrate a pedir lo imposible, lo irreal, lo más extravagante; atrévete a ampliar tus horizontes hacia el Cielo, donde todo es posible.

Tal como afirmó Robert Browning: «El hombre debería llegar siempre más allá de sus posibilidades; de no ser así, ¿para qué existe el Cielo?».

...y con cosas poco importantes

Con frecuencia sucede también que nos abstenemos de pedir ayuda porque pensamos que nuestras aspiraciones son insignificantes. Nos resulta incómodo pedir al Universo que se tome el trabajo de organizar las circunstancias a la medida de nuestros deseos. Imagina, por ejemplo, que pides a los Poderes Superiores que dispongan un clima agradable para un día especial, o que despejen el tráfico para llegar a tiempo a una cita. ¿Acaso no suena un poco egoísta? ¿Realmente pensamos que el mundo gira en torno a nosotros? ¡De hecho, así es! El mundo entero gira alrededor de cada uno de nosotros. Si en cada momento estamos creando nuestro propio mundo, ¿por qué no concebirlo tal como lo deseamos? Cuando tomamos conciencia de esta realidad comprendemos que, lejos de ser egoístas o presuntuosos, estamos llevando a cabo gozosamente la misión que nos ha encomendado Dios. ¿Acaso sería más virtuoso crear algo que nos hiciera infelices? Puedes estar seguro de que el Universo se complace en organizar cada pequeño detalle por el mero propósito de conseguir que tu rostro se ilumine con una sonrisa, que tus ojos brillen y que te animes a dar un pequeño brinco mientras avanzas.

Capítulo 4

Contrataciones celestiales en acción

pon al cielo a trabajar

¡Simplemente imagina todas las posibilidades que existen! Es un gran alivio saber que cualquiera que sea el desafío con el que te enfrentas, sea éste grande o pequeño, la ayuda que necesitas está a la distancia de un pensamiento. Las tremendas tensiones de nuestras vidas hacen que uno se sienta con facilidad solo, sin saber a quién recurrir. ¡Ya no te volverá a pasar más! Pronto serás consciente del maravilloso apoyo que el Universo tiene para ti.

Pon al CIELO a TRABAJAR

Archivos de la oficina espiritual de empleo para trabajos temporales

Vamos a ver cómo la fantástica asistencia de los ayudantes celestiales ha funcionado para otras personas. Estos ejemplos de la vida real sobre la práctica de emplear a este tipo de asistentes se refieren a lo que denomino la oficina espiritual de empleo para trabajos temporales. Se trata de una oficina que localiza al ayudante indicado en cuanto tú tienes una necesidad específica a corto plazo. Desde que comencé a enseñar estos principios, docenas de personas me han contado sus encantadoras historias con gran entusiasmo.

UN DETECTIVE ESPIRITUAL

Cierto día salí a comer con mi amiga Deb y le comuniqué todo lo que sabía sobre el proceso de contratar ayudantes espirituales. Cuando volví a verla un mes más tarde, Deb estaba ansiosa por contarme lo que le había sucedido. «Había estado trabajando en el jardín durante varias horas. Cuando entré en casa, mi hija advirtió que había perdido la perla del anillo que mi marido me había regalado hacía trece años. Lo primero que pensé fue que jamás conseguiría encontrarla entre las hojas, la hierba o la gravilla. Se me cayó el alma a los pies. Estaba convencida de que no había ninguna posibilidad de encontrarla, de modo que ni siquiera lo intenté. Pero poco después recordé lo que me habías contado e inmediatamente contraté un detective espiritual; le pedí que encontrara mi perla y me la devolviera. Dos horas más tarde estaba sentada sobre la cama hablando con mis hijos cuando nuestra perra *Callie* se unió a nosotros. Uno de los niños dijo: 'Mamá, *Callie* está jugando con algo que tiene en la boca'. Entonces, estiré el brazo y, abriendo la mano junto a su boca, le ordené que me entregara el objeto con el que estaba jugando. ¿Puedes creer que, de pronto, dejó caer la perla sobre la palma de mi mano?»

Lo menos que puedo decir es que la historia de Deb parece un milagro. Sin embargo, muchas veces yo misma he experimentado lo mismo y he comprobado la buena disposición que tiene el Espíritu para prestarme su ayuda en medio de una de mis conferencias. Por otra parte, también he escuchado innumerables relatos de personas que contrataron a un detective espiritual para que encontrara anillos y otras joyas en las circunstancias más adversas. Parece ser que tan pronto como fue descubierto el «número de teléfono» del detective, se produjo una enorme demanda de sus servicios. Si te encuentras en una situación semejante, no vaciles en llamarlo. ¡Puedo asegurarte con toda franqueza que es el mejor del Universo!

Un profesor espiritual de oratoria

Después de escuchar una de mis conferencias, una de las asistentes, llamada Joan, se puso en contacto conmigo para contarme cómo había conseguido contratar los servicios celestiales. Cierto día, sin previo aviso, recibió una llamada de la empresa donde trabajaba en la que le solicitaban que sustituyera a un colega que estaba de baja por enfermedad. La tarea que le encomendaron fue preparar un informe sobre el plan financiero de la compañía. Aunque conocía perfectamente el tema, mientras se dirigía al grupo de personas a las que tenía que comunicar la información, se sintió intimidada y se quedó en blanco. Como no había previsto aquella situación, no tenía nada preparado para solventarla.

Entonces se excusó y salió corriendo hacia el cuarto de baño, con el objetivo de contratar de inmediato un profesor espiritual de oratoria. Gracias a esta iniciativa, aquélla fue la mejor conferencia de su vida. Cuando terminó su exposición, todos se acercaron a ella para felicitarla y darle las gracias por haberles explicado tan claramente la situación.

Un buscador de mascotas espiritual

Karen tiene una vecina muy anciana a la que ayuda en todo lo que puede. Una mañana, cuando estaba a punto de salir rumbo al trabajo, la encontró llorando porque su adorado perro, su única compañía, se había perdido.

Karen no se decidía a marcharse y dejarla sola en semejantes circunstancias. Entonces, se dirigió rápidamente hacia su coche y contrató a un buscador de mascotas espiritual. Luego, visualizó al perro recorriendo el vecindario; lo vio dirigiéndose hacia la casa de su vecina y lo imaginó otra vez en sus brazos. Sólo entonces partió rumbo a su trabajo, asegurándole a la anciana que todo se resolvería. Confiaba plenamente en que el perro volvería junto a su dueña.

Aquella tarde, el teléfono de su vecina comenzó a sonar en el mismo momento en que Karen entraba en casa. Era un amigo que vivía un poco más abajo, en la misma calle, y que les anunciaba que el perro estaba sano y salvo.

Karen consiguió trabajar todo el día tranquilamente, libre de toda preocupación, porque sabía que el buscador de mascotas espiritual estaba haciendo su trabajo.

Un guarda forestal espiritual

Steven decidió contratar los servicios celestiales antes de hacer un viaje al Parque Nacional Yosemite con su esposa. Su idea era hacer un retiro espiritual y, por este motivo, ambos estaban particularmente interesados en tener una estancia relajada y en sintonía con la naturaleza.

A sabiendas de que Yosemite recibe gran cantidad de visitantes, antes de partir Steven contrató un guarda forestal espiritual, y le solicitó que localizara un sitio muy tranquilo para acampar, una especie de lugar sagrado. Al regresar me contó que su viaje había sido absolutamente mágico y apacible, añadiendo que durante los cuatro días que habían pasado allí sólo en dos ocasiones habían oído el ladrido de un perro y en ningún momento se habían cruzado con otras personas.

Un ayudante espiritual para las tareas escolares

¡Raquel descubrió que también es posible contratar a alguien para otra persona! Su hijo Logan, de doce años, había decidido hacer un trabajo escolar sobre Joe Montana, pero en la biblioteca del colegio no consiguió encontrar ninguna información sobre él. Por lo tanto, Raquel lo llevó a la biblioteca de la ciudad y decidió esperar en el coche, junto a su hija de dos años, hasta que Logan hallara lo que buscaba. El niño regresó al borde de las lágrimas casi una hora más tarde, porque no conseguía encontrar ningún libro sobre Montana. Con gran calma, su madre le sugirió que entrara otra vez en la biblioteca y siguiera buscando.

Mientras el niño volvía a entrar en la biblioteca sin mucha convicción, Raquel contrató rápidamente un ayudante espiritual para tareas escolares. Le solicitó que lo acompañara y lo ayudara a encontrar el libro que necesitaba. Tres minutos más tarde, entró en la biblioteca y halló a Logan a punto de abandonar el edificio con un libro de 28 x 45 cm, en cuya portada se veía una foto de Joe junto al título *Montana*, escrito en negrita y con enormes caracteres. «¿Dónde lo has encontrado?», preguntó Raquel asombrada. Con los ojos muy abiertos, como si no pudiera dar crédito a lo que iba a contarle, Logan respondió: «Volví a la sección de deportes y pensé: '¿Y si se hubiera caído algún libro por detrás de las estanterías?'. Entonces me asomé y en la parte posterior descubrí un libro caído de canto. Me estiré todo lo que pude para alcanzarlo, ¡y era éste!».

Y MÁS...

Katie y su marido estaban a punto de comprar una nueva casa. Deseaban adquirir una magnífica parcela, pero debían esperar a que se presentara la oportunidad de hacer una oferta. Katie temía que alguien pudiera adelantárseles y se le ocurrió contratar un agente inmobiliario espiritual para que reservara la propiedad en su nombre. La semana previa a la fecha señalada para hacer su propuesta, Katie se encontró inquieta y preocupada, y la noche anterior prácticamente no consiguió conciliar el sueño. Pero cuando llegó el momento, la propiedad aún estaba disponible. Katie estaba convencida de que no había sido una mera coincidencia.

Cada vez que Nancy intentaba enviar una información financiera a través de la red, lo único que veía en la pantalla de su ordenador era un mensaje de error. Presa de la desesperación, contrató un experto informático espiritual para que desbloqueara la red y ella pudiera enviar su archivo. ¡Y lo consiguió en el siguiente intento!

Judy no había logrado poner en marcha el coche y regresaba andando a casa para comunicárselo a su marido cuando se le ocurrió contratar a un mecánico espiritual. Súbitamente, volvió sobre sus propios pasos en dirección a su vehículo. Por increíble que parezca, ¡el motor arrancó inmediatamente!

Estos ejemplos demuestran que incluso las cosas más nimias pueden ser facilitadas por lo Divino. Cuando en tu vida se produzcan este tipo de sincronicidades, tal vez llegues a cuestionarte si verdaderamente se trata del Reino Espiritual trabajando para ti. No obstante, con el paso del tiempo te percatarás de que es algo que sucede muy a menudo y, en consecuencia, tu escepticismo se desvanecerá.

Grupos de trabajo espirituales: lo auténtico

Pero si te limitas a la oficina de empleo para trabajos temporales, apenas lograrás un vislumbre de lo que puedes conseguir. Muchos de tus planes y proyectos pueden beneficiarse con más de un simple asistente. Puedes organizar una mano de obra completa o un grupo de trabajo que te ayude en tus compromisos a largo plazo. Recuerda que tienes una enorme fuente de recursos a tu entera disposición. Considero que utilizar los servicios de los grupos de trabajo espirituales es el recurso más poderoso de los servicios celestiales y puede modificar tu vida de forma definitiva. Los grupos pueden convertirse en un equipo de apoyo constante que trabaja junto a ti para garantizarte el éxito de la manera más increíble. Algunos pueden colaborar contigo durante semanas o meses, mientras que otros pueden ser tus compañeros durante toda la vida. Estoy segura de que disfrutarás de las siguientes historias que relatan cómo otras personas han utilizado los grupos espirituales para conseguir los principales objetivos de su vida.

Un grupo espiritual romántico

Patty estaba saliendo con un contable, aunque no creía que pudiera llegar a ser su compañero de vida. Había enviudado algunos años atrás y había criado sola a sus dos hijos. Ahora quería una relación originada en el Cielo y no se conformaba con ninguna otra cosa.

Hacía ya mucho tiempo que Patty creía que los ángeles la ayudaban en todos los aspectos de su vida, de modo que invocó a los que ella denominaba los Ángeles Románticos y al Creador del Amor. Les pidió que enviaran a su casa a alguien que tuviera el «mismo corazón» que ella y que le hicieran saber que se trataba del hombre indicado, haciendo coincidir dos fechas significativas de la vida de esa persona con dos fechas importantes de su propia vida. Lo primero que hizo fue dejar de salir con el contable. Empezaba la primavera y decidió hacer una limpieza general de la casa, tal como era su costumbre en cada cambio de estación. Ordenó sus armarios para dejar espacio a las pertenencias de su próximo compañero e incluso adquirió un hermoso marco para poner una foto de ambos en el futuro. Y, a continuación, hizo algo un poco alocado: compró unas lujosas sábanas de satén rojo para su cama y un oso de peluche del mismo color. Todo esto le llevó casi un mes.

Cuando prácticamente terminó de arreglar su casa, su vecino concertó una entrevista con un contratista que no era del mismo estado, para que tasara la casa de Patty. Así fue como Mike –que también era viudo– llamó a su puerta. Patty lo miró a los ojos y percibió la belleza de su alma. Fue amor a primera vista. En la cita inicial descubrieron que el hijo de Mike había nacido el día del cumpleaños de Patty, y que su propio hijo había nacido el día del cumpleaños de la difunta esposa de Mike. ¡Eran los dos hechos coincidentes que ella había pedido! Cinco días más tarde se confesaron su mutuo amor y desde entonces son una pareja inseparable. Como es evidente, su relación nació en el Cielo.

Un grupo espiritual que te señale el camino

Sherry se sentía absolutamente frustrada. Siempre había deseado ser una profesional en el campo de la sanación natural y, sin embargo, se había pasado gran parte de su vida trabajando como recepcionista. Tenía muchos conocimientos y experiencia personal pero, por una u otra razón, las cosas nunca habían salido como ella aspiraba.

Todo esto cambió cuando descubrió la posibilidad de contratar los servicios celestiales. Maravillada ante la idea de emplear asistentes divinos, solicitó inmediatamente una completa mano de obra espiritual. Sin descuidar ni un detalle, contrató un promotor, un coordinador, una persona que se encargara de organizar su tiempo, un asesor financiero y muchos otros ayudantes con el fin de que su sueño se hiciera realidad.

Al cabo de pocas semanas comenzó a ver los resultados. A un kilómetro y medio de distancia de su casa encontró un despacho donde trabajaba un quiropráctico que estaba interesado en compartir su espacio con otros profesionales. Con la colaboración de Sherry, que se ocupó de organizarlo todo, convirtieron el despacho en un centro y una escuela de sanación. Como por arte de magia, acudieron especialistas de diversas áreas de la sanación natural, dispuestos a trabajar allí. Sherry estaba muy satisfecha con la calidad de los profesionales que llamaban a su puerta. Sorprendida y encantada, presenció cómo sus sueños, que antes parecían distantes e inalcanzables, comenzaban a materializarse a toda velocidad.

Según las propias palabras de Sherry: «¡Dejé atrás una vida llena de deseos, ansias, intentos y fracasos para acariciar el éxito prácticamente de la noche a la mañana!».

¡Y eso no es todo! El marido de Sherry también contrató asistentes celestiales para que le indicaran su propio camino. Durante dieciséis años había mantenido un trabajo tremendamente aburrido por el mero hecho de cobrar un sueldo a final de mes. Aunque siempre le había fascinado la psicología, nunca se había atrevido a embarcarse en esa dirección. Tras unas pocas semanas, descubrió una rama de la psicología que se ocupa de la felicidad en lugar de los problemas. Poco después, consiguió un empleo como consejero. Hoy en día está encantado con su nueva profesión y tiene la absoluta certeza de haber nacido para este trabajo.

Un grupo espiritual para las conferencias

Todos los años mi amiga Elizabeth organiza una importante conferencia. Solía decir que era una tarea muy agotadora, pero tan pronto como oyó hablar de las contrataciones celestiales, solicitó un grupo espiritual. En su equipo de especialistas había un director de conferencias espiritual y un coordinador universitario espiritual. Con gran alegría, me comunicó que la última conferencia había resultado mucho más sencilla que las anteriores. Estaba especialmente satisfecha con el «monitor de energía espiritual» que había contratado para conservar su energía y vitalidad, y para asegurarse de disfrutar como si fuera una asistente más en el evento. El resultado fue que no dejó de sonreír durante toda la semana.

Un grupo espiritual para la alegría

Cuando Gary oyó hablar de las contrataciones celestiales, solicitó de inmediato un grupo para la alegría que se encargara de cuidarlo y conseguir que su vida fuera más dichosa y pródiga. Acababa de pasar unos años realmente duros: había tenido problemas económicos y se había divorciado de su esposa. Aunque ya estaba jubilado, sentía que su vida era muy complicada y no quería continuar por ese camino. Se dirigió enérgicamente a su grupo para la alegría expresándose en los siguientes términos: «Soy un hombre mayor. La vida no puede ser tan dura. ¿Podríais facilitarme un poco las cosas?».

Ahora dice que es incapaz de describir todos los cambios positivos que han tenido lugar en su vida a partir de aquel momento. En lugar de luchar constantemente para conseguir sus objetivos, todos los días experimenta la sincronicidad y le maravilla observar lo sencilla que es su vida actual. Por ejemplo, cuando intenta encontrar una dirección en un vecindario desconocido, termina por descubrir la calle que estaba buscando de un modo aparentemente azaroso. Por otra parte, ha experimentado profundos cambios personales. Para mencionar sólo uno de ellos, diremos que Gary solía ser un hombre bastante irascible, pero desde que ha contratado a su grupo para la alegría, no puede recordar haber tenido ni un solo pensamiento contrariado ni haber sufrido ningún episodio de cólera. Sus preocupaciones e inquietudes se han desvanecido y han sido sustituidas por una novedosa e inquebrantable sensación de calma y consuelo. Su vida actual es muy gozosa.

Capítulo 5

El momento fundamental

Después de haber llegado hasta aquí, es probable que te preguntes cómo surgió esta idea. ¿Has tenido alguna vez una experiencia que no pueda explicarse en términos de casualidad, que haya sido tan fortuita como para dejarte perplejo? Puedes hacer caso omiso de momentos semejantes, sin otorgarles ningún sentido y tildándolos de inexplicables; o puedes tomar nota de ellos y permitir que modifiquen tu existencia.

En 1996 me sucedió algo que cambió completamente mi vida.

En esa época llevaba mi propio negocio como sanadora profesional. Me habían enseñado que nuestro cuerpo tiene todas las respuestas para los problemas de salud y sólo requiere que alguien formule las preguntas adecuadas. Allí es donde comenzó todo. En lugar de valorar la salud de mis pacientes desde un punto de vista racional, mi propósito era ayudarlos a encontrar sus propias soluciones. Con frecuencia, esta actitud me permitía descubrir algunos interesantes problemas esenciales que permanecían ocultos, incluyendo desequilibrios emocionales y autosabotajes mentales (también he participado en ciertos milagros, ayudando a las personas a conectarse con la sabiduría innata de su propio cuerpo).

Había aprendido que existen diferentes maneras de formular preguntas a las que el cuerpo puede responder con un sí o un no, por ejemplo, realizando pruebas musculares o utilizando un péndulo. Trabajando con esas respuestas, a través de un proceso de eliminación, es posible reducir el abanico de posibilidades al tema primordial que, con toda certeza, está causando la enfermedad o el dolor. Precisamente éste es el punto al que llegué cierto día con un paciente llamado Sam. Habíamos llegado a la conclusión de que Sam padecía un desequilibrio energético asociado con sus neurotransmisores (un desequilibrio energético no es más que una forma elegante de decir que algo no iba bien en el cuerpo de mi paciente, y un neurotransmisor es una sustancia que transmite impulsos nerviosos en el cerebro, esencialmente sensaciones). Yo no tenía demasiada experiencia en el tema de los neurotransmisores, pero su cuerpo insistía en que debía ocuparme de cinco de ellos. Para poder hacerlo, primero tenía que identificarlos. No sabía muy bien por dónde empezar. Finalmente, fui capaz de reconocer cuatro de ellos (norepinefrina, serotonina, melatonina y GABA), pero no conseguía identificar al último, ni tenía la menor idea de dónde podría localizarlo.

De pronto, cuando menos lo esperaba, mi paciente preguntó: «¿La histamina es un neurotransmisor?». Como no estaba muy familiarizada con los neurotransmisores, mi primera reacción fue pensar que una persona profana en la materia, como era mi paciente, probablemente tendría aún menos conocimiento del tema que yo. De manera que, con mi voz más profesional, respondí: «No. La histamina es esa sustancia que liberan tus senos nasales durante una reacción alérgica. Cuando se presenta dicho síntoma, los médicos te recetan antihistamínicos». Luego, sin ningún motivo aparente, sentí el impulso de coger de la estantería un libro sobre la salud que había comprado un año atrás; todavía no lo había leído y ni siquiera le había prestado atención. Lo abrí por una página cercana a la mitad del libro y no pude menos que echarme a reír al encontrar la palabra *histamina* como título de un capítulo. De inmediato, mis ojos se detuvieron en una línea que estaba un poco más abajo y en medio de un párrafo: «La histamina también se considera un neurotransmisor».

¡Estaba perpleja! ¿Cómo podía haber sucedido algo así? Evidentemente, no se trataba de una mera e increíble coincidencia. Era algo demasiado preciso y específico como para ser un simple producto del azar. Detengámonos a pensar todo lo que tuvo que suceder para que se produjera semejante situación. En primer lugar, algo o alguien tuvo que haber susurrado al oído de mi paciente la palabra *histamina*. Luego, después de que yo la descartara, alguna fuerza tuvo que impulsarme a buscar en la estantería un libro que nunca había leído y abrirlo en la página exacta donde encontraría la respuesta. De repente, tuve plena conciencia de que no estaba sola. Se me puso la carne de gallina y, al mismo tiempo, experimenté un profundo júbilo. ¡Imagina lo que significa contar con el apoyo de una sabiduría invisible! ¿Acaso un «médico espiritual» me estaba ayudando? Ese mero pensamiento me otorgó una prodigiosa sensación de tranquilidad y una nueva conciencia: suceden muchas más cosas de las que los ojos son capaces de percibir.

Asistencia divina

A partir de ese momento, comencé a advertir nuevas evidencias de que estaba recibiendo ayuda de fuentes superiores y decidí *no* considerarlo como una mera coincidencia. La idea de que un médico espiritual me aconsejaba comenzó a cobrar fuerza. Tomé conciencia de que mi intuición se había intensificado y me estaba brindando una información que excedía los conocimientos que había adquirido durante mi formación. Al final conseguí entregarme confiadamente para que me guiara ese saber interior, relegando a un segundo puesto mi propia educación. Comencé a fantasear con que había un equipo completo de médicos mirando por encima de mis hombros todo lo que yo hacía y aconsejándome a cada momento. Huelga decir que mi trabajo evolucionó hasta un nuevo nivel.

Mis pacientes y yo nos sorprendíamos cuando una información inesperada aparecía en mi conciencia como caída del cielo. Invariablemente, era la pieza que faltaba y que marcaba la diferencia. En algunas ocasiones, fui guiada a prescribir medicamentos que jamás hubiera considerado pero que, sin embargo, resultaron ser la solución perfecta.

Después de varias experiencias de este tipo, mi escepticismo natural se trocó en un creciente entusiasmo por la ayuda divina que había surgido en mi vida y que me estaba ayudando a evolucionar. Con el paso del tiempo he aprendido a rendirme a esa voz interior para tratar a todos mis pacientes, dejando que ella me indique qué es lo que debo hacer. Algunos pueden sugerir que es mi propio cerebro –o quizás mi mente subconsciente– el que está generando esa información, pero yo *sé* que proviene de una fuente divina. A menudo me siento como una mera observadora, atestiguando la magnífica interacción que se produce entre mi paciente y el médico espiritual que trabaja a través de mí. Me dejo guiar intuitivamente hacia el conocimiento que ilumina los misterios sobre el estado de salud de cada uno de mis pacientes, para ofrecerles los remedios adecuados.

Un equipo de apoyo

El hecho de prestar atención a esta orientación profesional resultó tan efectivo para tratar a mis pacientes que comencé a preguntarme si mis guías tendrían algún inconveniente en ayudarme con otros aspectos de mi trabajo. Por ejemplo, necesitaba una secretaria, un representante de marketing y un experto que llevara la contabilidad. Como no estaba muy segura de que esos trabajos pudieran ser realizados en un plano espiritual, introduje un requisito para ver qué sucedía. Imaginé que solicitaba al Universo asistentes angélicos que contaran con las habilidades y los conocimientos adecuados para realizar con alegría las tareas requeridas.

Más adelante, comencé a mantener reuniones imaginarias con mi equipo de colaboradores mientras conducía el coche camino del trabajo. Hablaba en voz alta con mi grupo de médicos espirituales y profesionales de la salud y con los empleados administrativos que acababa de contratar, comentando nuestras tareas diarias: qué pacientes estaban citados, cuáles eran las actividades de la jornada, y así sucesivamente. Les hablaba de los detalles de mi trabajo como si estuviera conversando con una plantilla terrenal.

Debo decir que después de emplear a mi secretaria espiritual, al responsable de marketing y al contable, mi consulta prosperó con pasmosa facilidad. Los trámites y las facturas no se calculaban, se imprimían ni se enviaban mágicamente por sí mismos, pero yo conseguí ocuparme de todo ello de forma muy rápida y sencilla. Con mi equipo de apoyo a mi lado, tenía todo el trabajo que deseaba, mi agenda fluía armoniosamente y mis pacientes estaban muy satisfechos con los resultados.

A continuación te contaré algunas graciosas historias que reflejan cómo ha cambiado mi vida desde que contraté a mis empleados celestiales.

¡INTERCEPTA MIS LLAMADAS!

Todos los veranos asisto a una convención en Santa Cruz, California, que dura una semana. Cada vez que participo en el evento, debo dedicar todas las mañanas, las pausas para el almuerzo y las tardes a escuchar los mensajes que llegan a mi móvil y a devolver las llamadas a mis pacientes, pues mi contestador telefónico se bloquea si no borro los mensajes acumulados. Cierto día se me ocurrió que a lo mejor mi plantilla estelar podía echarme una mano. «Éste es el trabajo perfecto para mi secretaria celestial», me dije.

De modo que cuando tuvo lugar la siguiente convención, le solicité que durante mi ausencia no dejara entrar en el contestador más de cinco o seis llamadas. ¡Y créase o no, cuando volví a casa encontré exactamente seis mensajes esperándome!

¡Consígueme más pacientes!

Desde que contraté un representante espiritual de marketing, tengo la cantidad de pacientes que deseo atender, ¡y sin hacer publicidad! Sin embargo, cierto viernes por la mañana abrí mi agenda y descubrí que para la siguiente semana apenas tenía la mitad de las citas que de costumbre. Por lo tanto, decidí convocar una reunión de emergencia con mi plantilla espiritual y apremié seriamente a mi representante para que se dedicara a la tarea de conseguirme más pacientes. Esa misma tarde recibí veintitrés llamadas solicitando una cita.

Apoyo económico

¡Si te pareces a mí, definitivamente puedes utilizar la intervención divina en este campo! Todo lo que puedo decirte es que estoy sorprendida por la abundancia con que fluye el dinero en mi vida y muy complacida de que este tema ya no constituya una preocupación. Siempre dispongo del dinero suficiente para todo lo que quiero hacer en relación con mi trabajo, ya sea asistir a un seminario que me parezca interesante o comprar cualquier artículo o elemento que necesite.

Equipo de trabajo personal

En 1997, un año después de haber vivido mis primeras experiencias con los ayudantes celestiales, mi trabajo se desarrollaba sin ningún problema. Me sentía muy cómoda y segura pensando que el Espíritu no sólo *deseaba* que yo hiciera ese trabajo, sino que también me ofrecía su generoso apoyo.

En ese momento decidí seguir adelante sin detenerme ante nada. ¿Sería posible recibir ayuda en *todas* las áreas de mi vida? Naturalmente; en cuanto la solicité, la asistencia divina comenzó a manifestarse en abundancia.

A partir de entonces, no sólo mi trabajo, sino también mi vida personal comenzaron a fluir más armoniosamente que nunca. Ahora tengo ayudantes para ir de compras, para los proyectos hogareños y los asuntos familiares, para los desafíos emocionales personales, para los eventos sociales, el esparcimiento, las vacaciones, y para muchas cosas más.

Un asesor espiritual para comprar ropa

Señoras, no se pierdan esta historia. Aunque cueste creerlo, salir a comprar ropa era una de las actividades que menos me atraían. Hasta tal punto me disgustaba que para aventurarme en los centros comerciales y grandes almacenes tenía que estar al borde de la desesperación. Nunca conseguía comprar la ropa que me agradaba; o no me sentaba bien o era demasiado cara. Invariablemente terminaba exhausta y frustrada.

Por fin caí en la cuenta de que con la ayuda de un Espíritu creativo sería capaz de convertir esa experiencia en una actividad placentera y satisfactoria. En la siguiente ocasión que salí de compras, contraté un asesor espiritual para que me acompañara. Debo decir que fue una experiencia maravillosa. Sentí que me guiaba hacia los mejores tesoros que se ocultaban en las innumerables estanterías, del mismo modo que lo hubiera hecho un avezado comprador del plano terrenal que oficiara de asesor personal. Salir de compras dejó de ser un ejercicio frustrante y se tornó en una actividad apasionante y divertida. Empecé a encontrar tantas prendas que me gustaban que no podía aplazar el momento de probármelas. Eran tantas las que se adaptaban perfectamente a mi talla y estilo que pronto me enfrenté con un nuevo dilema: lo que *no* debía comprar. Casi me avergüenza admitir que en un solo día adquirí diecisiete artículos por poco más de 200 dólares. Puedo decir que mi ayudante personal es un comprador excelente que sabe encontrar gangas.

Desde entonces, siempre contrato asistentes espirituales para ir de compras. Ellos siempre me conducen hacia la tienda indicada y los artículos perfectos. Esto resulta especialmente práctico para las compras de Navidad, cuando debo hallar los mejores regalos en la menor cantidad de tiempo. Y como guinda del pastel, ¡incluso me ayudan a encontrar aparcamiento en esas fechas tan ajetreadas del año!

Un grupo de vacaciones espiritual

Mis hijos insistían en salir de vacaciones. Como saben muy bien los padres y las madres, los viajes familiares pueden ser tan agotadores que luego necesitas tomarte otras vacaciones para recuperarte de las primeras. Pero esto cambió por completo desde que contraté a un equipo de trabajo para que me ayudara. Empleé a un mecánico espiritual para que se ocupara de que la furgoneta funcionara a perfección, a un agente de viajes espiritual para que me ayudara a encontrar un excelente alojamiento y a un *gourmet* espiritual para que eligiera fantásticos restaurantes sin descuidar nuestro presupuesto. Pero mi contratación favorita, que todavía conservo en plantilla permanente, fue el experto en templar la conducta. ¿Podéis imaginaros un viaje de diez horas con cuatro niños sin peleas ni discusiones? ¡Fue maravilloso! Mi marido y yo disfrutamos de las mejores vacaciones que hemos tenido nunca y los niños están impacientes por repetir la experiencia.

Un grupo espiritual para escribir libros

Pasando a un tema más serio, no puedo imaginar cómo hubiera conseguido escribir este libro sin la increíble ayuda del Reino Celestial. En primer lugar, a pesar de que muchas veces había pensado en escribir sobre otros temas, la tarea siempre me parecía abrumadora. Tenía muy poca confianza en ser realmente capaz de terminar un libro. Siempre me había considerado una persona con ideas; tenía cientos de páginas llenas de conceptos y de títulos, pero jamás había estado tan cerca de hacer algo fructífero con ellos.

Cuando me sentí inspirada para escribir un libro sobre el proceso de contratar ayudantes celestiales, de inmediato convoqué un grupo espiritual especializado para que me allanara el camino. Sabía que tendría que afinar ciertas habilidades, cambiar la imagen que tenía de mí misma y crecer en todos los sentidos. ¡Y eso fue exactamente lo que sucedió! Y como si esto fuera poco, recibí la ayuda extraordinaria de otros excelentes profesionales terrenales en cada etapa del camino. Lo más sorprendente es que la mayoría fueron *conducidos hacia* mí, sin que tuviera que ocuparme de buscarlos físicamente. Sólo me desviaba de mi objetivo cuando me impacientaba e intentaba forzar las cosas –puedes leer «Ser paciente», en el capítulo 7–. En realidad, este libro fue redactado utilizando el proceso exacto que describe.

Voy a explicar cómo sucedió. Había escrito un esquema del trabajo y ordenado una parte del material (lo suficiente como para comenzar a dar conferencias sobre el tema), pero seguía sintiéndome incapaz de desarrollar el contenido. Pedí a mi grupo espiritual de proyectos que encontrara a alguien que pudiera ayudarme a dar forma a mis pensamientos y otorgarle una nueva vida a las palabras. Solicité que esta persona apreciara mis ideas y supiera cómo llevarlas a la práctica. Dos días más tarde recibí la llamada telefónica de una persona desconocida, que había sabido de mí a través de un amigo común. Se presentó diciendo que era correctora y me preguntó si estaba trabajando en algún proyecto. Como es evidente la contraté de inmediato, convencida de que el Universo había dispuesto que nos conociéramos. Resultó que tenía las habilidades exactas que yo había pedido. Además, gracias a ella tuve el placer de conocer los textos y las cintas de audio de Abraham-Hicks. Esther Hicks es una oradora de gran inspiración que se comunica con un grupo de maestros espirituales autodenominados Abraham. Si no has oído hablar de ellos, puedes buscarlos en Internet en la página www.abraham-hicks.com. Te sorprenderá –como me sorprendió a mí– comprobar que algunas de sus enseñanzas están en estrecha armonía con las ideas desarrolladas en este libro. Me emocionó mucho tener, prácticamente sentada en mi regazo, a una correctora de tanto talento, que se sentía muy compenetrada con las ideas volcadas en mi libro.

Una vez completada esa fase inicial, tenía que encontrar a alguien que me ayudara a ampliar, organizar y pulir el estilo del libro. Una vez más solicité a mi grupo espiritual que diera con la persona indicada para mí. Al día siguiente una nueva paciente entró en mi consulta y al presentarse me contó que trabajaba como correctora. Le ofrecí empleo al instante, sabiendo que nuestro encuentro no era accidental. ¡También en esta ocasión descubrí que tenía los conocimientos que yo necesitaba! Pero debo agregar que me dejó totalmente anonadada cuando, un mes más tarde, me reveló que también era seguidora de Abraham, cuyas enseñanzas la habían inspirado durante años. ¿Cuáles son las posibilidades de encontrar dos excepcionales correctoras con conocimientos filosóficos tan semejantes? Con toda certeza, fue el Cielo el que las condujo hasta mí.

La siguiente parte de la historia es aún mejor. Finalmente, mi grupo espiritual comenzó a recordarme que ya era hora de presentar el libro a un editor para publicarlo. Yo ya había hecho mis propias investigaciones para conocer lo competitivo que era el sector. Había descubierto que las posibilidades de que una persona que nunca había publicado fuera seleccionada por una editorial eran prácticamente nulas. Quienes saben dicen que la mejor forma de aumentar la probabilidad de publicar es recibir clases sobre cómo redactar un libro y formular un plan de marketing que, con suerte, pueda lograr que un editor haga una segunda lectura de tu libro. Además, te aconsejan enviar el trabajo al menos a treinta editores y no decepcionarte si todos lo rechazan.

Sin embargo, a estas alturas ya sabes que cuando contratas los servicios del Cielo puedes obtener una información interior que te permite adelantarte al resto de los aspirantes. Me limité a pedir a mi grupo espiritual literario que me guiara hasta el editor perfecto. Luego, me dirigí a mi biblioteca y dije en voz alta: «Muéstrame un libro que haya sido editado de esta forma». Mis ojos se posaron de inmediato en *The Power of Now*, publicado por New World Library de Novato, California. Emocionada y nerviosa, busqué New World Library en Internet y me convencí de que era el sitio ideal para *Pon al cielo a trabajar*.

Decidí no buscar otro lugar ni enviar mi libro a ninguna otra editorial. Lo envié –sin tener siquiera una propuesta formal ni un plan de marketing– con plena confianza de que mi grupo espiritual me allanaría el camino. Y, por supuesto, New World Library se puso en contacto conmigo. Mi libro había encontrado la editorial perfecta, convirtiéndose así en un ejemplo más del tema que trata. Como ves, con el poder del Cielo a tu favor, cualquier cosa que te aconsejen hacer puede desafiar las estadísticas. Yo estaba muy ilusionada y felicité a mi grupo espiritual literario por haber hecho un excelente trabajo.

Capítulo 6

La visión global

Pon al cielo a trabajar

Intrigada por la evidente ayuda espiritual que comencé a recibir en cada aspecto de mi vida, me preguntaba en qué se diferenciaba el proceso de contratar los servicios del Cielo de una plegaria. Después de todo, la humanidad ha pedido ayuda a Dios durante siglos. Entonces, cogí papel y lápiz y solicité una visión global de lo que estaba sucediendo. He aquí la información que obtuve:

El antiguo paradigma: Dios arriba, el Ser abajo

En el antiguo paradigma, que muchos de nosotros conocemos desde niños, Dios está arriba –con todo el poder– mientras que el Ser está abajo. Cualquier intento de comunicación se dirige generalmente hacia lo alto, cuando el Ser solicita algo a Dios. Por ejemplo, algunas oraciones típicas son: «Dios, te ruego que cures a mi hijo», «Dios, ayúdame con mis exámenes finales», o «Dios, por favor bendice a la tía Sue».

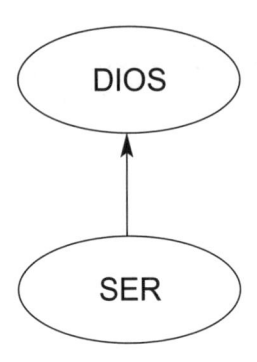

```
     DIOS
      ↑
     SER
```

Sin embargo, éste no era en absoluto el paradigma con el que yo trabajaba cuando contrataba mano de obra espiritual. En cuanto tomé conciencia de ello, intenté descubrir cuál era la dinámica de mi proceso para poder identificar un nuevo paradigma. ¿Cuál fue el resultado?

El nuevo paradigma: primer intento

Decidí colocar a los ayudantes divinos (indicados como estrellas en el siguiente esquema) dentro de un círculo y en medio de Dios, en la parte superior, y el Ser, en la parte inferior, como un mando intermedio, por decirlo de alguna manera. En este modelo, el Ser trabajaba a través de intermediarios espirituales para hablar con Dios, que aún tenía todo el poder.

La visión global

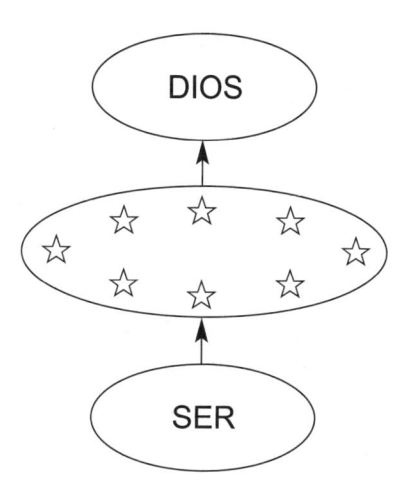

```
        DIOS
         ↑
    ☆ ☆ ☆ ☆
   ☆        ☆
    ☆ ☆ ☆
         ↑
         SER
```

Pregunté a mi guía interior si era correcto y su respuesta fue: «*Ni siquiera te has aproximado*».

El nuevo paradigma: segundo intento

Probé una vez más. En esta versión Dios permanecía en lo alto mientras el Ser se había desplazado hacia el interior del círculo de guías, ángeles y asistentes celestiales –los Espíritus de la Creación– para formar parte de los mandos intermedios. En este esquema, el Ser comenzaba a tener el poder de tomar decisiones.

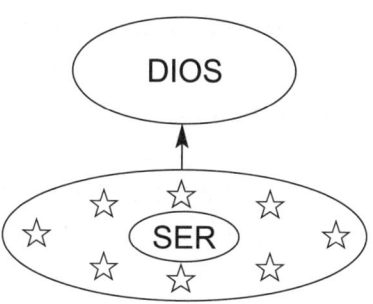

```
        DIOS
         ↑
    ☆ ☆ ☆
   ☆  SER  ☆
    ☆ ☆ ☆
```

Pregunté si esta vez había acertado y la respuesta fue nuevamente negativa.

El nuevo paradigma: tercer intento

Lo intenté por tercera vez. Coloqué al Ser en la parte superior del círculo, conectado mediante líneas con la mano de obra espiritual, que estaba por debajo. En este nuevo diseño el Ser contaba claramente con un equipo de apoyo, mientras Dios permanecía por encima de todos ellos.

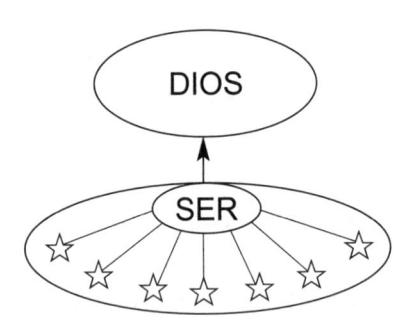

Volví a preguntar a mi guía, que de nuevo respondió: «*No, tampoco es así*».

El nuevo paradigma: cuarto intento

Me devané los sesos intentando descubrir qué era lo que faltaba. ¿Qué otra cosa podía hacer? Entonces, en un momento de inspiración, fui guiada a coger mi lápiz y colocar a Dios dentro del círculo con el resto del equipo.

Llena de dudas, pregunté a mi guía espiritual: «¿Es esto lo que intentas decirme?». Finalmente la respuesta fue: «*Así es*».

Incrédula, apoyé la espalda en el respaldo de mi asiento mientras experimentaba una gran inquietud. ¿Quién era yo para pensar que todo el Reino Espiritual, incluido Dios, existía para ofrecerme su apoyo? ¿Cómo me podía considerar tan importante? ¡De acuerdo con la estricta educación que había recibido, esto era una blasfemia! Estuve largo rato cavilando sobre el esquema que tenía ante mí. «¿Qué es lo que en verdad quiere decir?», pregunté. Mi mente comenzó a buscar frenéticamente una analogía familiar en el plano terrenal que pudiera explicar esta imagen que tanto me había conmocionado.

Dios como un padre que educa a sus hijos

En respuesta a mi apasionada pregunta, fui conducida hacia las siguientes observaciones.

Cuando somos niños vivimos principalmente en el primer paradigma. Nuestros padres son figuras endiosadas, a las que recurrimos para satisfacer todas nuestras necesidades y para encontrar respuestas a todas nuestras preguntas. Ellos nos dan las indicaciones que nosotros debemos obedecer.

Pero eso ya no sucede cuando tenemos diecinueve años, ¿verdad? En un determinado momento decimos: «Mamá, Papá, tengo que echar a volar con mis propias alas. Ésta es mi vida y tengo que vivirla a mi manera. De todos modos, aprecio sinceramente que estéis dispuestos a ayudarme cuando os necesite y saber que siempre puedo volver a casa».

¿Puedes imaginar lo que sucedería si el antiguo paradigma siguiera vigente cuando llegamos a los treinta y cinco años? Resulta evidente que en esa etapa ya tenemos la responsabilidad de nuestra propia vida y que somos nosotros los que decidimos hasta qué punto nuestros padres pueden intervenir en ella. La mayoría de los progenitores se sentirían muy frustrados si sus hijos de treinta y cinco años siguieran viviendo con ellos, pidiéndoles su ayuda en lugar de aventurarse en la vida por sus propios medios. Esta evolución desde el niño dependiente hasta el adulto independiente representa el orden natural de las cosas. Y nadie lo cuestiona.

Los puntos empiezan a conectarse

Cuando amplié la imagen de abandonar el nido de la familia física a la familia espiritual, los puntos empezaron a conectarse. Esta analogía era el punto inicial a partir del cual llegué a comprender y aceptar el mensaje del nuevo paradigma. Voy a compartir contigo una parte de mi proceso mental.

Cuando era niña solían decirme que Dios tenía un plan para mí. Me enseñaron que, dado que mi libre albedrío era imperfecto, debía dejar que Él señalara el curso de mi vida. Acepté esta visión del mundo basada en el antiguo paradigma, que considera a los seres humanos carentes de recursos y de discernimiento.

Con el paso del tiempo, y muy especialmente durante el proceso de escribir este libro, comencé a ver las cosas de un modo diferente. Visualicé el nuevo paradigma eclipsando al antiguo. Y desde esta perspectiva más amplia, es preciso que reestructuremos nuestra relación con Dios.

El nuevo paradigma representa a un Dios que desea que sus hijos lleven a cabo su misión en este planeta con plena libertad y valentía. Como padre, Él aspira a que nos hagamos mayores debidamente preparados para tomar nuestras propias decisiones y vivir nuestra propia vida. Desea que brillemos a la luz de nuestro poder y divinidad, sabiendo que tenemos acceso a la ayuda y a la guía divinas todo el tiempo.

Lamentablemente, muchas personas esperan ser alcanzadas por un rayo para empezar a contemplar la posibilidad de llegar a ser Uno con el Espíritu. Les parece una herejía el mero hecho de insinuar que poseen el poder creativo de Dios. Por otra parte, yo (como muchos otros) he llegado a creer que todos somos creaciones maravillosas y perfectas, inherentemente cualificadas para llevar las riendas de nuestra vida con la certeza absoluta de cuál es nuestra competencia. De hecho, he llegado a la conclusión de que la única blasfemia reside en *rechazar* este poder.

El diseño divino

Considerando todo lo anterior, te invito a cambiar el foco de tu atención hacia tu verdadera naturaleza interior y a mirar con ojos renovados la realidad de tu poder divino. ¿Podría ser que el único plan que Dios tiene para nosotros sea que aceptemos nuestra promoción y asumamos todas las responsabilidades de la empresa que es nuestra vida? Si invocamos a Dios o al Reino Espiritual, siempre encontraremos una guía divina que puede inspirarnos y ofrecernos su apoyo (tal como haría un padre cariñoso). Pero se nos pide que maduremos espiritualmente y encontremos el coraje necesario para hacernos cargo de nuestra propia vida.

El esquema final

Lo diré una vez más: de acuerdo con el diseño divino somos creadores igual que Dios, y ocupamos literalmente el sillón de director de nuestra propia vida. Dios y el reino espiritual al completo forman parte de nuestro sistema de soporte, la fuente de todos nuestros recursos.

El siguiente esquema, una modificación mejorada del cuarto intento, se me ocurrió de forma inesperada una mañana del mes de marzo. Estaba pasando unos días en una hermosa urbanización junto al lago Tahoe con unas amigas, una de las cuales era mi correctora. La había invitado para que pudiéramos trabajar juntas en el libro durante varios días. Estábamos sentadas frente al ordenador, donde ella trataba de reproducir a lápiz los dibujos que yo había ideado mientras intentaba descubrir el nuevo paradigma.

Yo estaba observando la pantalla mientras ella se esforzaba por colocar la palabra *Dios* en medio de las estrellas de mi dibujo cuando... ¡puf! *Dios* se dejó caer precisamente donde Él quería estar: la *o* de Dios fue sustituida por el círculo que encerraba la palabra *Ser*. No es una broma; las letras D, I y S crecieron de tamaño y se desplazaron hacia el fondo, quedando parcialmente ocultas detrás del círculo mayor. Esta nueva disposición nos recordó al amanecer que da vida a un nuevo día.

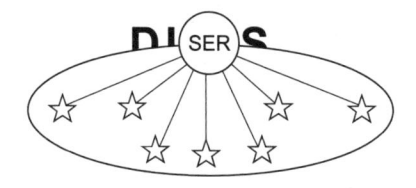

Aún no somos capaces de explicar cómo pudo suceder algo semejante, pero de inmediato reconocimos su perfección. Descubrimos que Dios es el contexto en el que tienen lugar nuestras vidas, el Origen de todo lo que experimentamos. Y también que Dios, a su vez, experimenta *a través de nosotros* una epifanía del orden superior. El nuevo paradigma estaba exactamente delante de nuestros ojos.

La sorprendente diferencia entre este modelo y su predecesor es que este último implica que somos una parte integral, incluso una extensión, de Dios y que, como tales, se nos exige que creemos nuestro propio mundo de forma consciente, confiando plenamente en nuestra autoridad y en nuestro conocimiento de que todo el Universo está esperando alegremente que le pidamos ayuda para asistirnos.

Capítulo 7

Contratando ayudantes como lo hace el Creador

¿Estás preparado para asumir el mando como creador? Entonces llegó la hora de arremangarte y comenzar a desarrollar tu experiencia de forma consciente y deliberada, como Dios pretende que lo hagas. ¡Ésta es la parte divertida! Cuando estés decidido a hacerlo, comienza por algo muy simple que requiera únicamente la ayuda de la oficina espiritual de empleo temporal, algo que se pueda cumplir al cabo del primer día (o incluso de algunos minutos). Dedica un momento a pensar en qué tarea te gustaría recibir ayuda. Quizás quieras comprar un regalo de cumpleaños y necesites un ángel especialista en regalos para que te inspire con la idea perfecta. Si te sientes un poco abatido, podrías recurrir a un comité de animadores celestiales que te levanten el ánimo. También puede ser que hayas perdido tu cartera y quieras contratar a un detective espiritual para que la encuentre. Recuerda que tu intención es la clave. En los siguientes párrafos hallarás algunas sugerencias útiles para propiciar el éxito en todo momento. El primer paso es simplemente...

¡Pide...!

La fantástica ayuda del Universo se mostrará esquiva a menos que tú la solicites. Todos sabemos qué fácil es sentirse frustrado cuando tenemos problemas en algún aspecto de nuestra vida. Podemos tirar la toalla y lamentarnos: «¿Por qué me está sucediendo esto a mí?» o «Desearía tener esto o aquello». Pero eso no es pedir, sino quejarse. Pide intencionadamente y *confía en que el Universo te brindará su apoyo*. Entonces la puerta se abrirá de par en par, para que aparezca una solución afortunada sin siquiera proponértelo.

No subestimes el poder de la palabra hablada. Tu petición será más convincente si la pronuncias en voz alta. Nuestras mentes están llenas de cháchara interminables. Cualquiera que las sintonizara se enfrentaría con muchas dificultades para reconocer cuándo realmente pretendemos decir algo y cuándo se trata sólo de confusas divagaciones. Utilizar nuestra voz nos ayuda a concentrar nuestra atención en lo que realmente deseamos. He observado que cuando hablo en voz alta, las frases que pronuncio son mucho más coherentes que cuando las pienso. Imagino una presencia, una energía inteligente que me escucha mientras describo lo que quiero (yo no asocio esta energía con una persona y tampoco le doy un nombre personal, aunque quizás tú sí desees hacerlo. ¡Haz todo aquello que te resulte más efectivo!).

No malgastes ni un solo minuto sintiéndote avergonzado. El Universo está encantado de que lo incluyas en todo lo que emprendes en tu vida y espera con entusiasmo oír tus ideas y pensamientos.

Hay aún otra cosa que merece consideración. Al igual que yo, quizás hayas leído libros y asistido a seminarios que describen reglas definitivas sobre cómo organizar verbalmente las peticiones. Pero esas reglas no se aplican aquí. Cuando contratas los servicios celestiales, puedes relajarte. ¡Limítate a pedir! Independientemente de cómo lo hagas, jamás obtendrás algo que no corresponde. No existe ninguna prueba para descubrir quién puede ofrecer las palabras más precisas o imaginativas. Lo último que necesitas es que tu forma de expresarte te genere ansiedad.

Por ejemplo, algunos terapeutas y conferenciantes dedicados a la autoayuda nos advierten que debemos evitar decir cosas como: «Estos chocolates están de muerte» o «Vendería mi alma por una casa como ésta», porque el Universo podría interpretar literalmente nuestras palabras. Esto sugiere que el Universo, con toda su sabiduría, es incapaz de descifrar el verdadero significado que se oculta tras nuestra forma de hablar. Si eso fuera verdad, estaríamos creando un desastre a cada paso. Mi consejo es que no te dejes confundir por este sistema de creencias y, por el contrario, imagines que las fuerzas cósmicas son amigos muy queridos con los que te resulta muy sencillo hablar, que saben exactamente cómo te sientes y comprenden lo que quieres decir, aunque te expreses con una jerga muy moderna (y no te preocupes, porque ellos también entienden cualquier idioma).

Durante años la sabiduría popular nos ha indicado cuál es la forma perfecta de expresar afirmaciones. Los expertos nos advierten que no es aconsejable albergar deseos. Nos sugieren que no caigamos en el error de decir: «Quiero una nueva casa en lo alto de una colina» porque, presumiblemente, el Universo se hará eco de la vibración de nuestras palabras y nos dejará deseando eternamente, sin ofrecernos esa casa que ansiamos, porque no hemos pronunciado nuestro anhelo con una frase afirmativa en tiempo presente. De manera que he aprendido a decir: «Ahora disfruto de mi nueva y hermosa casa de la colina». Según me han asegurado, éste es el mantra preferido para conquistar el éxito.

He llegado a comprender que, lejos de ser un obstáculo, tener deseos es un elemento *esencial* en el proceso de materializar gozosamente nuestros sueños. Querer algo es la semilla del deseo, y sin deseo no puede haber cambio, ni crecimiento, ni creación. He tomado conciencia de que el Universo celebra realmente todos los momentos en que somos capaces de reconocer algo que deseamos. El deseo es la chispa que enciende la fuerza de la creación. ¡Estoy aquí para darte permiso para desear todo lo que quieras! Abona el terreno para sembrar tus sueños, entrégate a tus aspiraciones y ábrete a la magia de tus deseos. ¡Pero no te olvides de pedir!

¡...y recibirás!

Ésta es la otra mitad de la ecuación. Estar abierto para recibir es tan importante como pedir. Puede parecer una tontería, pero muchos de nosotros detenemos el flujo precisamente en ese punto del proceso. Todos conocemos el dicho: «Es mejor dar que recibir,» y por ello pensamos que, en cierto sentido, somos más honrados y rectos cuando nos negamos a recibir. La verdad es que dar y recibir forman un círculo completo. Si detenemos el flujo de uno de ellos, también detenemos el que corresponde al otro. Si el Universo nos colma de bendiciones, debemos hallarnos en estado de gracia para aceptarlas. Cuando nos negamos a recibirlas pensando que actuamos con integridad, sólo conseguimos bloquear el proceso y reprimir nuestra capacidad de dar.

Conozco a una masajista que tiene una increíble capacidad para calmar el dolor. Ella creía que era una gracia que le había proporcionado Dios y, por tanto, consideraba inadecuado cobrar por sus servicios. Pensaba que el dinero era una necesidad humana inferior que mancillaría su don divino. Por este motivo, a pesar de que pedía al Universo que le ofreciera oportunidades para ayudar a la gente, su trabajo no prosperaba porque carecía del dinero suficiente para abrir una consulta y pagar una formación superior. Su don permanecía oculto a los ojos del mundo, excepto para unos pocos miembros de su familia. Finalmente, un amigo le señaló que nunca conseguiría compartir su talento, a menos que estuviera dispuesta a recibir una compensación económica. En un momento de lucidez, tomó conciencia de que había estado interrumpiendo el ciclo de dar y recibir, y que ninguno de los dos podía existir sin el otro. Me alegra decir que en la actualidad su consulta es muy próspera y ayuda a muchas personas cada día.

A continuación, ofreceré otro ejemplo. Mi hermano Tom quería conseguir un vuelo a Florida a primera hora de la mañana. Cuando descubrió que había treinta y dos personas en lista de espera, contrató un agente de viajes espiritual para que le consiguiera una plaza. Sin embargo, cuando se dirigió a él por segunda vez, una hora antes de la salida prevista, las treinta y dos personas seguían estando en la lista. Media hora más tarde la situación no había variado. En consecuencia, decidió abandonar el aeropuerto y alojarse en un hotel. Antes de irse a dormir llamó a su novia. Ella trabajaba en la línea aérea en la que él pretendía viajar y, por pura curiosidad, decidió comprobar el estado del vuelo. ¡Y adivinad qué sucedió! Le sorprendió enterarse de que el avión había despegado con un asiento libre. El agente espiritual de mi hermano le había respondido, pero él no estaba allí para recibirlo.

Algo más acerca de pedir

A continuación incluyo algunas directrices que conviene tener en cuenta cuando uno desea pedir algo. *No* son reglas. Lo esencial es simplemente *pedir*. Utiliza estas sugerencias como un esquema mediante el cual puedes sembrar y propiciar tus sueños.

Animarse a jugar

Adopta una actitud festiva y alegre. Esta vida es una creación gozosa, cuyo propósito es que la celebremos y la llenemos del espectro completo de la experiencia humana. No debería sorprendernos el hecho de que Dios realmente desea que disfrutemos de nuestra vida. Sin embargo, muchas personas piensan que la existencia debe ser dura y la consideran una serie de pruebas, mediante las cuales intentan ganarse el favor de Dios. Con esta filosofía nunca son lo suficientemente buenas, ni lo suficientemente amadas, y siempre están separadas de Dios.

Por el contrario, el proceso de contratar los servicios celestiales demuestra que somos extensiones de Dios y, como tales, siempre somos lo suficientemente buenos y amados, y jamás estamos separados de Él. Dios desea experimentar el goce y la realización a través de nosotros y, desde el cielo, nos ofrece su apoyo ilimitado para que seamos capaces de materializar los anhelos de nuestra alma.

No obstante, es preciso aclarar que permanecer en un constante estado de goce y creación exuberante no significa disfrutar y divertirnos eternamente excluyendo otras emociones. Todos hemos pasado por la experiencia de conseguir algo muy difícil que, en su momento, no resultó nada divertido. Pese a todo, al final sentimos que el esfuerzo había merecido la pena. Vivir la vida de forma gozosa significa que somos libres para experimentar el abanico completo de las emociones humanas y también encontrar felicidad y goce en ellas. Puede parecer extraño, pero con esta disposición de ánimo podemos incluso llegar a sentir goce ante la frustración, la tristeza y la desesperación.

El goce surge cuando reconocemos que cualquier situación que nos toque vivir no es más que un papel que estamos interpretando. Esto nos permite disfrutar de un estado de ánimo lúdico, que es casi lo mismo que mirarnos a nosotros mismos en tercera persona. Es un punto de observación que nos convierte en el intérprete, en el productor, e incluso en el público. Imagina que te ofrecen un papel en una película para interpretar a un personaje sumido en la desesperación. Como actor, tu desafío es indagar profundamente en tu alma creativa para poder expresar la desesperación, pero al mismo tiempo te sientes satisfecho por tu capacidad de transmitir esa emoción en particular. La vida es exactamente así. Una obra de teatro en la que hemos elegido un papel. En ella somos el actor y, simultáneamente, el director que decide con optimismo lo que sucederá a continuación. Podemos encontrar el goce en nuestra forma de comportarnos, incluso en medio de la aflicción, si tomamos conciencia de que somos seres espirituales que tienen experiencias humanas, como muchos sabios maestros han afirmado.

Retírate un poco de la escena para evaluar el papel que estás desempeñando en tu vida. No te identifiques con tu dolor ni con tu sufrimiento. Debes darte cuenta de que aun cuando las lágrimas se deslizan por tus mejillas, tu verdadero ser te valora y se siente honrado de experimentar la vida a través de tus ojos. Desde esta perspectiva, es más sencillo llegar a un estado más placentero. Y una de las mejores formas de hacerlo es…

Adoptar una actitud de gratitud

La esencia del goce es adoptar una actitud de agradecimiento y reconocimiento. Cada vez que te sientas desanimado, la forma más rápida de abandonar ese estado emocional es recurrir al viejo cliché de tomar conciencia de tus bendiciones. En cuanto lo haces, todo tu ser comienza a vibrar a un ritmo diferente. En lugar de permitir que tu actitud negativa atraiga más desdicha y abatimiento, puedes cambiar tu disposición anímica mediante la esperanzada expectativa de que pronto recibirás más bendiciones.

En todo lo que hagas, busca evidencias que demuestren que el Cielo está organizando tus deseos e intenciones. Presta atención a las aparentes coincidencias y sincronicidades, aunque te parezcan insignificantes, y ten fe en tu equipo espiritual. Cuando se trata de milagros, no hay ningún tipo de dificultad. Para el Universo planear el encuentro azaroso de dos viejos amigos es tan milagroso como curar a un enfermo. Intenta advertir todas las cosas, nimias o importantes, que son milagros en tu vida. Pronto estarás convencido de que el espíritu camina junto a ti, allanando el sendero mientras tú avanzas. Expresa tu gratitud por la forma extraordinaria en que los Espíritus de la Creación te ofrecen sus expertos consejos y ponen sus habilidades a tu disposición. El reconocimiento y el agradecimiento darán lugar a un continuo entusiasmo y a un mayor apoyo por parte de tu mano de obra celestial, siempre dispuesta a ayudarte.

Aspirar el bien superior

Conserva puras tus intenciones. Solicita que todo lo que llegue a tu vida lo haga en nombre del bien superior, no solamente para ti mismo, sino también para todos aquellos que lo necesiten. Puedes decir en voz alta: «Pido que esta ayuda celestial llegue a mí del modo perfecto, para que todos aquellos que así lo requieran reciban el bien superior», o algo semejante que te parezca adecuado. Sería imposible destacar hasta qué punto esto es primordial para tu paz mental. Muchas personas se preocupan por el hecho de que sus deseos puedan herir a otra persona o despojarla de algo importante, pero esto es algo inconcebible si aspiras a lo mejor para todos los que están involucrados en tu deseo. Se trata de una situación en la que todos ganan, en la que siempre hay abundancia y no escasean las soluciones creativas ni los buenos momentos. Ten en cuenta que no puedes ayudar a las demás personas si te consideras inferior a ellas o tienes menos que ellas.

Sentir tus propios deseos

A menudo pensamos que deseamos algo y, sin embargo, no es eso a lo que en realidad aspira nuestro corazón. Tómate un momento para reflexionar qué es lo que verdaderamente anhelas y luego formúlalo en términos de sentimientos. Después de todo, lo que de verdad deseamos son los sentimientos que nos despiertan las personas y las cosas, y no las posesiones en sí mismas. Tal vez ansíes conocer a alguien con quien compartir una relación romántica. En lugar de describir cómo te gustaría que fuera físicamente esa persona y cómo desearías que actuara desde un punto de vista material, piensa en los sentimientos que te gustaría generar y en las cualidades esenciales más importantes para ti. Quizás tu verdadero deseo sea que se produzca una atracción mutua y tener una relación amorosa y cálida con alguien que personifica la compasión y la espontaneidad. Vuelve a expresar tu pedido poniendo énfasis en estas cualidades y sentimientos. Luego, déjate sorprender por el Universo con una relación que supere tus sueños más descabellados. Una amiga me dio un ejemplo de lo que puede suceder cuando estás conectado con tu cabeza y no con tu corazón. Ella expresó su deseo de conocer a un «*Marlboro Man*» de tez oscura, guapo y muy masculino. Con el tiempo consiguió encontrar a su «*Marlboro Man*», ¡pero pronto se cansó de que fumara!

Voy a ofrecerte otro ejemplo. Quizás has estado pidiendo ganar una determinada cantidad de dinero al mes que te diera para pagar tus facturas y sentirte económicamente seguro. Lamentablemente, la vida no funciona de esa manera. Cuanto más dinero ganamos, más gastamos; en consecuencia, permanecemos siempre en la misma situación aunque con mayores preocupaciones y con facturas aún más desmoralizadoras. Lo que debes hacer es concentrarte en la *sensación* que deseas conseguir. Por ejemplo, poder pagar tus facturas fácil y placenteramente. Puedes pedir una sensación de seguridad y una economía autosuficiente. Después de todo, es lo que realmente deseas. Y luego deja que el Universo lo organice.

Tener fe

Lo único que necesitas es convencerte de que el Universo trabaja de esta forma. *Saber* que todo acontecerá. No sirve a ningún propósito utilizar este proceso para poner a prueba al Universo. Con una actitud de: «Creeré en ello cuando lo vea» sólo conseguirás que el éxito quede fuera de tu alcance. El escritor y maestro espiritual Wayne Dyer dice: «Lo verás cuando creas en ello». Envía tu petición al éter y luego limítate a permanecer alegremente a la espera y a tener fe, en lugar de adoptar un estado mental destinado a «comprobar».

Puedes preguntar: «¿Realmente esperas que crea que puedo obtener todo lo que pido?». En efecto, eso es precisamente lo que espero que creas. Ésta es la esencia de la verdadera magia. Es lo que permite que se produzcan los milagros y parece desafiar las leyes de la física. ¿Quién dice que no es posible? Un ejemplo perfecto es andar por encima del fuego, una práctica en la cual se enseña a personas normales a crear una nueva realidad y caminar sobre un lecho de ascuas ardientes sin quemarse. ¿Cómo podría ser posible algo semejante si no fuera por su absoluta certeza de que lo es? Otro ejemplo es el efecto placebo, tan bien documentado que incluso es considerado en los estudios médicos. Los médicos saben que el mero hecho de tener fe en un tratamiento a menudo es suficiente para producir la cura.

La fe es lo que hace que todas las cosas sean factibles. La fe es lo que sostiene al espíritu humano. Si crees en ello, lo comprobarás.

No tener apegos

Pedir al Universo que materialice tus sueños y, al mismo tiempo, no tener apegos es un verdadero arte. Acabo de mencionar lo importante que es definir tus deseos y anhelos, ¡y ahora voy a decirte que no te apegues a ellos! ¿Qué significa esto? Quiere decir reconocer que tu felicidad no depende de si obtienes o no lo que has pedido. Si te apegas a tus deseos, no conseguirás mantener una actitud alegre y lúdica, y te sumirás en un estado de necesidad y desesperación, incluso aunque únicamente se manifieste en un nivel sutil o subconsciente. De este modo, no sólo no lograrás disfrutar del placer que podrías experimentar durante el proceso creativo, sino que además te angustiarás preguntándote si el Universo vendrá o no en tu ayuda: «¿Merezco yo todo esto? ¿Me está escuchando el Universo? ¿Conseguiré ser feliz? ¿Soy lo suficientemente bueno?». El miedo siempre limita tu capacidad para recibir las magníficas soluciones que el Universo puede ofrecerte. Cuanto más tiempo dediques al proceso de contratar los servicios celestiales, más capaz serás de sustituir la ansiedad, o la inseguridad, por la confianza en ti mismo y la certeza de que siempre conseguirás ser dichoso.

Por otra parte, los apegos crean muchas expectativas. Mientras ponemos en movimiento nuestra imaginación y generamos entusiasmo en torno a lo que deseamos, naturalmente elegimos el resultado que nos parece más conveniente. El problema surge cuando nos empeñamos en un determinado resultado, profundizando cada vez más en los detalles hasta que ideamos algo a la medida de nuestras aspiraciones. Podemos pensar que el resultado que hemos imaginado es precisamente lo que deseamos, pero nuestro equipo celestial tiene la ventaja de contar con una perspectiva superior. El Universo conoce la esencia de nuestros deseos y puede organizar todas las particularidades, de manera que si lo que has solicitado no se manifiesta tal como lo habías visualizado, ¡relájate! No intentes forzar la situación y tampoco consideres que has fracasado. En este caso, debes pensar que siempre hay una razón y una nueva oportunidad para la claridad y la creación. Si no tienes apegos, la Fuente, infinitamente creativa, podrá deleitarte de múltiples formas, incluso mucho mejores que las que habías imaginado.

Ser paciente

En general, el Universo me responde tan rápidamente que cuando las cosas no suceden tan pronto como esperaba, puedo impacientarme. Pero cuando intento apresurar las cosas, termino por invertir más tiempo, dinero y esfuerzo. Sólo más tarde, al observar la situación en retrospectiva, comprendo que el tiempo tenía que transcurrir de una determinada manera para que todo se ubicara en el lugar conveniente. En ese momento siento un temor reverencial ante su perfección.

La paciencia es una cualidad difícil en una sociedad en la que la magia de la tecnología nos ofrece a menudo resultados instantáneos. Sólo desde una perspectiva superior podremos llegar a comprender que todo está organizado a favor de nuestros esfuerzos. Ten paciencia y confía en que el sentido divino de la oportunidad es impecable.

Capítulo 8
Diseñando tus grupos de trabajo

¡Muy bien! Ya hemos profundizado en los temas asociados con desear, pedir y recibir. Y quizás ya hayas experimentado el proceso de hacer una contratación a través de la oficina espiritual de empleo temporal. Ha llegado el momento de analizar tus necesidades más complicadas y a largo plazo, aquellas que pueden beneficiarse de un grupo de colaboradores al completo. En este capítulo se explica paso a paso el proceso requerido para convocar a los miembros de dicho equipo y organizarlos.

Como hemos visto en el capítulo 4, puede resultar muy efectivo trabajar con grupos de trabajo. Por ejemplo, si deseas mejorar tu salud, posiblemente decidas pedir ayuda a un equipo de médicos, nutricionistas, expertos en *fitness* y dietistas espirituales, que trabajarán entre bambalinas para ayudarte a encontrar los mejores consejeros y profesionales de la salud.

Acaso tu aspiración sea trabajar por cuenta propia e iniciar un negocio. En este caso, no cabe duda de que podrías beneficiarte de la colaboración de un administrador de proyectos espiritual para que organice reuniones «casuales» con un mentor, un abogado y un asesor empresarial, y también de alguien que garantice que tienes todas las relaciones idóneas para iniciar tu proyecto. Incluso es posible que necesites la inspiración de una musa espiritual para que te ofrezca el nombre perfecto para tu empresa.

Supongamos que te estás embarcando en la gran aventura de construir tu propia casa. Necesitarás un arquitecto, un contratista, un electricista, un fontanero y un decorador de interiores, todos ellos terrenales, por nombrar sólo unos pocos. Quizás te sientas agobiado al advertir la cantidad de trabajadores y equipos de trabajo que necesitas en el plano físico. Si los contratas primero en un plano espiritual, pondrás en marcha la energía necesaria para sacar adelante tu proyecto. Y al hacerlo, mágicamente, conseguirás profesionales terrenales de primera calidad con las habilidades y los conocimientos específicos que tú necesitas.

Puede ser que desees probar el estilo administrativo. En este caso, por ejemplo, puedes contratar a todos los miembros de tu plantilla laboral espiritual y reunirte a diario con ellos. O puedes sencillamente contratar a un administrador de proyectos espiritual y delegar en él el resto de las tareas. En ambos casos, siempre mantendrás una estrecha comunicación y una buena relación laboral con tus ayudantes.

Los pasos

A continuación explicaré unos pasos muy sencillos que son útiles para contratar grupos de trabajo. Muchas personas los encuentran muy prácticos, pero debes tener en cuenta que de ninguna manera son imprescindibles para tu éxito. Son una forma excelente de organizar tus pensamientos y concentrarte en tus intenciones. Sin embargo, si tú ya eres capaz de hacerlo mentalmente, o de algún otro modo, tienes toda la libertad de utilizarlos como un mero ejercicio de inspiración.

Al final del libro encontrarás algunas páginas dedicadas a hojas de trabajo que te ayudarán a poner en práctica este proceso. Utilízalas de la forma que sea más eficaz para ti. Por ejemplo, puedes rellenar las hojas del libro o hacer copias y crear una carpeta.

SIETE PASOS PARA CONTRATAR A TUS GRUPOS DE TRABAJO ESPIRITUALES

1. Dar un nombre a tu grupo de trabajo
2. Definir la misión
3. Enumerar los especialistas que deseas contratar
4. Hacer una lista de tareas
5. Poner en marcha a tu grupo
6. Concertar reuniones con la plantilla laboral
7. Celebrar tus éxitos

Ahora vamos a examinar los detalles de cada paso. ¡Recuerda que ésta debe ser una actividad divertida!

Paso 1. Dar un nombre a tu grupo de trabajo

Escribe el nombre de tu grupo de trabajo espiritual en la parte superior de un folio. Por ejemplo, supongamos que estás organizando una cena para muchos comensales. Un nombre pegadizo para el grupo podría ser grupo sibarita epicúreo, grupo para pasar la noche con los amigos o simplemente grupo de cenas.

Paso 2. Definir la misión

Debajo del nombre, define la misión describiendo el motivo por el cual has reunido a este grupo. Tómate algo de tiempo para aclarar lo que deseas conseguir. Haz una lista de objetivos, parámetros y requisitos, e incluye tu presupuesto (si fuera pertinente). Si logras que esta tarea sea entretenida, estarás deseando ver los resultados.

Retomando el ejemplo de la cena, podrías definir la misión con algo semejante a: *mi grupo de cenas me ayudará a organizar una fabulosa cena para mis invitados y me garantizará que todos, incluido yo, disfrutaremos de la reunión.*

Paso 3. Enumerar los especialistas que deseas contratar

Ahora debes decidir qué expertos y qué atributos en particular deseas incluir en tu grupo de trabajo. Haz una lista. Es el momento de sacar a relucir tu tarjeta Ángel Express y pasártelo bien. Recuerda que tu ayuda celestial estará siempre encima de tus hombros, ofreciéndote inspiración y organizando mágicamente todas las situaciones. Puedes incluso contratar a un apuntador para que te ayude a pensar en todos los miembros que necesitas para este equipo de trabajo. La lista puede ser tan exhaustiva como desees, pues no existe ningún límite para los talentos que esperan tu petición.

El grupo de cenas puede incluir los siguientes miembros:

- Un chef extraordinario que supervise el sabor y la presentación de todos los platos.
- Un supervisor de los tiempos de trabajo para que la comida llegue a la mesa caliente y perfectamente guisada.
- Un coordinador de grupos que controle que todos los empleados están de buen ánimo y disfrutan de lo que hacen, con lo cual ansiarán repetir la experiencia.
- Un asesor de etiqueta que aconseje a los anfitriones para que luzcan elegantes y atractivos.
- Un decorador que añada un toque festivo de color y calidez a la casa.
- Una asistenta que limpie la casa en profundidad antes de la reunión.
- Un encargado de compras para los alimentos y las bebidas, que ayude a preparar la lista de ingredientes y controle que las verduras y las frutas sean frescas.

¿Hemos olvidado algo? Vamos a contratar también a un administrador para todo tipo de cuestiones olvidadas, a fin de que se ocupe de los pequeños detalles que pueden pasar desapercibidos.

Paso 4. Hacer una lista de tareas

A continuación, elabora una lista de tareas para el equipo de trabajo que acabas de contratar. Será una lista detallada que puedes rectificar en cualquier momento y marcar con una cruz los elementos que has incluido a medida que dispongas de ellos. Es una buena forma de hacer un seguimiento del progreso del trabajo. Puede ser la típica lista que lo incluye todo (enviar invitaciones, limpiar la casa, preparar la lista de la compra, etc.) y que te servirá para recordar lo que es necesario hacer y, al mismo tiempo, para animar a tus ayudantes espirituales a participar en el evento con extraordinario entusiasmo. Te sentirás tranquilo y relajado al saber que cuentas con un impulso adicional procedente de una dimensión superior.

Paso 5. Poner en marcha a tu grupo

Quizás desees poner en marcha a tus ayudantes con algún tipo de ceremonia. Aunque no se trata de un requisito indispensable, a menudo puede ayudar a que el proceso en su conjunto sea más entretenido, más protocolario y esté mejor definido. Por ejemplo, encender una vela es una forma simple de hacer una ceremonia. Si tienes un proyecto a largo plazo, puedes encender una vela todos los días para que circule libremente la energía renovada. Posiblemente desees iniciar el proceso con alguna clase de meditación o plegaria. O acaso simplemente prefieras reunir a tu grupo de ayudantes y decirles: «Ésta es vuestra misión. Realizadla de la manera más creativa posible y... ¡pasadlo bien!».

Paso 6. Concertar reuniones con la plantilla laboral

En el siguiente capítulo describiré en detalle cómo organizar las reuniones con la plantilla. Te sugiero que lo hagas con frecuencia. Dependiendo de tu proyecto, tendrás que decidir si necesitas comunicarte cada día con tus asistentes o sólo cuando se presente la necesidad. En mi trabajo como sanadora natural, me resulta imprescindible reunirme diariamente con mis asistentes celestiales para definir mis intenciones y mantener una estrecha relación con el Espíritu.

Paso 7. Celebrar tus éxitos

Tu mano de obra celestial adora las celebraciones tanto como tú. Asegúrate de reconocer con generosidad las diversas ayudas de tu grupo de trabajo, agradeciéndole su guía y su inspiración.

Capítulo 9
Conversando con el Espíritu

Ya has reunido a tu equipo de trabajo y preparado tu lista de tareas. Ahora es importante que aprendas cómo debes hablar con la dimensión no física y que sepas reconocer cómo se dirigirán a ti los seres espirituales.

¿Cómo hablar con el Espíritu?

Una de las mejores formas de ponerte en contacto con tus ayudantes celestiales es a través de las reuniones de trabajo. Son muy valiosas cuando necesitas organizar tus creaciones y desarrollar un estrecho vínculo con el Espíritu. Imagina que estás a punto de reunirte con tu equipo tal como lo harías con una plantilla terrenal. La diferencia es que puedes convocar estas reuniones de forma instantánea, independientemente de dónde te encuentres. Y, además, ¡no es necesario servir café ni donuts!

Yo me reúno con mis colaboradores mientras conduzco mi coche camino del trabajo. Hablo con mis ayudantes celestiales como si estuvieran sentados frente a mí. Les agradezco el trabajo excepcional que hicieron el día anterior, diciendo algo semejante a: «Ayer todo funcionó de una forma increíble. ¡Gracias por vuestra inspiración!». En algunas ocasiones también entono una canción para ellos, componiendo melodías que acompañan a mis palabras de gratitud. Para mí es un verdadero placer y puedo decir que ellos lo consideran un gesto divertido y encantador.

Las reuniones laborales son una oportunidad para formular tus peticiones para el día, solicitar inspiración y pedir que aparezca la persona perfecta o la información exacta que estás buscando. Visualiza una plantilla profesional situada frente a ti, esperando tu guía y tu dirección.

Cuando hables con tus ayudantes celestiales, exprésate de la forma más natural y real posible. Este enfoque práctico y sensato contribuye a que tu relación con el Espíritu sea amable y personal. Ten en cuenta que tu vida es un trabajo en desarrollo, lo cual significa que puedes definir mejor tu petición a mitad de camino, o incluso modificarla completamente. Como ya expliqué en el capítulo 7, a veces el Universo tiene motivos para ofrecerte un resultado que no coincide exactamente con lo que tenías en mente, de modo que es importante no apegarse demasiado a las expectativas. Sin embargo, desearía destacar que si caes en la cuenta de que lo que tu mano de obra espiritual ha manifestado no es realmente lo que necesitas o deseas, no deberías dudar en rechazarlo, incluso aunque sea exactamente lo que habías pedido. Tienes plena libertad para revisar tu petición con el fin de encontrar lo que de verdad te sirve. Te daré un ejemplo: yo quería comprar un coche y pedí un determinado modelo, color, estado y precio. Al día siguiente encontré un coche aparcado con un cartel de SE VENDE que coincidía con mi descripción. Me quedé pasmada al encontrar justamente lo que había solicitado con todo detalle, pero después de mirarlo durante un rato advertí que no me gustaba tanto como había imaginado. Mi grupo de coches espiritual me mostró lo fácil que es producir lo que pedimos. ¡Nuestro reto es saber lo que realmente queremos! Por lo tanto, no debes preocuparte por decepcionar a tus ayudantes; ellos sólo desean que seas feliz. Puedes incluso admitir tus debilidades y expresar tu ira o tu frustración. El Espíritu puede hacerse cargo de ello. No se mofará de ti ni te reprenderá y tampoco serás alcanzado por un rayo. Por el contrario, recibirás un maravilloso apoyo.

La Biblia dice: «Tu vara y tu bastón me confortarán». Desde que descubrí este proceso, «Tu bastón»* tiene un significado completamente nuevo para mí. Y créeme, *realmente* me reconforta.

¿Cómo habla contigo el Espíritu?

Entonces, ¿cómo habla contigo el Espíritu? Lo reconocerás de diversas maneras. Lo más común es que adviertas que la vida empieza a funcionar mejor en todo aquello que antes resultaba difícil. Las cosas comienzan a colocarse en

---

* N. de la T.: La palabra *staff* en inglés tiene dos significados, *plantilla/personal* y también *bastón,* que permiten el juego de palabras de la autora.

su lugar casi milagrosamente. Los detalles se resuelven y las tareas monumentales se organizan de una forma suave y sencilla, como nunca antes habías imaginado. Y terminas por hacer lo correcto en el momento oportuno.

Tal vez sepas de alguien que conoce a la persona perfecta para hacer un trabajo que tú necesitas. Quizás te enteres de que alguien pretende regalar algo que tú estabas pensando comprar. Puede ser que impulsivamente tomes un desvío y llegues a un sitio que resulta ser ideal para algo que tenías en mente. O te sientes guiado a escoger una tarjeta de felicitación que te ofrece la respuesta exacta a una pregunta que no conseguías contestar.

Con frecuencia, mis respuestas llegan como mensajes trasmitidos por otras personas. En cierta ocasión, fui a una tienda para el hogar a comprar linóleo para el suelo de nuestra cocina. De camino, contraté a un decorador de interiores espiritual para que me ayudara a escoger un diseño que combinara con nuestra decoración y que se adecuara a nuestro presupuesto. Mientras estaba mirando las muestras de azulejos, llegó un paciente. Se acercó hacia mí como si deseara contarme un secreto y, señalando una de las muestras, me dijo: «Instalé éste en la cocina de mi hija y quedó fenomenal». Sonreí, comprendiendo que era la respuesta que buscaba. Y, por supuesto, resultó ser la opción perfecta. Experiencias de este tipo son tan frecuentes que, a menudo, me encuentro anticipando con entusiasmo cómo llegará hasta mí el siguiente mensaje.

Y no soy la única que recibe ayuda a través de este medio. Mi amiga Judy estaba cierto día en el supermercado, buscando una botella de vino para regalarle a un amigo. No conocía sus gustos, aunque sabía que últimamente se había aficionado a los vinos tintos australianos. Judy se había olvidado sus gafas en el coche y no podía leer las etiquetas. No tenía la menor idea de cómo podría encontrar algo especial para su amigo en aquel interminable pasillo de expositores. De modo que contrató a un especialista en vinos espiritual y se marchó a hacer el resto de la compra. Cuando unos minutos más tarde regresó a la zona de los vinos, vio a un hombre y una mujer leyendo cuidadosamente la etiqueta de una botella de vino tinto. Les preguntó si podían sugerirle un vino de calidad y la mujer respondió: «Bueno, no sé mucho de vinos, pero mi hermana es bastante experta y dice que este Shiraz australiano es el mejor». Judy decidió comprar una botella, ¡y resultó ser el vino favorito de su amigo!

También conseguirás encontrar inspiración para ser un constante asesor en tu vida, si te abres a esa posibilidad (observa que la palabra *inspiración* tiene que ver con el Espíritu, pues significa transmitir el aliento divino).* Por ejemplo, en el pasado muchas veces daba golpes de ciego buscando una información que me explicara algo relativo a la salud de mis pacientes. Pero desde que he comenzado a emplear asistentes espirituales, súbitamente me asalta un pensamiento. Es un pensamiento que irrumpe *entre* mis pensamientos y que no me pertenece. Me oigo decir: «Es evidente que debemos comprobar esto o aquello». Ésa es la forma en que ellos se dirigen a mí, aportando el pensamiento, la inspiración. Ese saber ha llegado a formar parte de mi vida.

---

* N. de la T.: Tal como indica la autora, en inglés el término *inspiration* contiene la palabra *spirit*.

El Espíritu también puede hablar contigo de otras formas, pero esto depende en gran medida de tu receptividad particular. Éstos son los cuatro tipos principales de comunicación:

- *Clarividencia:* mentalmente ves fotos e incluso películas, o percibes el aura y la información de los campos energéticos de otras personas.
- *Clariaudiencia:* oyes una voz (que a menudo suena como tu propia voz) ya sea dentro o fuera de tu cabeza.
- *Clarisensibilidad:* obtienes información a través de una sensación corporal, como un escalofrío o un mareo.
- *Clariconocimiento:* simplemente lo *sabes*, aunque con frecuencia no puedes explicar cómo lo sabes. En esta categoría incluyo mi intuición.

Limítate a permanecer abierto y consciente para escuchar lo que intenta decirte tu mano de obra espiritual. Descubre cuál es tu forma de recibir inspiración. Presta atención a las sincronicidades y aparentes coincidencias que se cruzan en tu camino y sigue esa pista. Pronto, todo esto sucederá con tanta asiduidad que ya no albergarás ninguna duda sobre la intervención del Espíritu. Simplemente sabrás que Él se dirige a ti, igual que si te hablara un amigo. Las comunicaciones serán tan claras como la luz del día.

Capítulo 10

¿Cómo funciona?

Pon al cielo a trabajar

Cuando doy conferencias sobre el tema de contratar los servicios celestiales, una de las preguntas más frecuentes que me hacen es: «¿Pero cómo funciona?». La idea de recurrir al Espíritu –es decir, solicitar que se presente a nuestro lado cada vez que lo invocamos– parece pertenecer al reino de los fenómenos inexplicables. Sin embargo, lejos de ser un concepto misterioso e irreal, el proceso de pedir ayuda al Cielo depende de principios tan antiguos como el cosmos. Obviamente, la interpretación literal es que existe una abundante cantidad de seres angélicos o de otros benevolentes seres espirituales dispuestos a ayudarnos. Pero ¿cómo funciona exactamente? Vamos a considerar un par de posibilidades.

Pon al CIELO a TRABAJAR

El poder del pensamiento

Para todos aquellos que no están particularmente interesados en lo metafísico, podríamos decir que se trata de concentrar nuestros pensamientos y nuestras intenciones, y utilizarlos de un modo que la mente subconsciente comprende a la perfección. Este mero hecho –el poder de la mente y de nuestras palabras– ha demostrado, una y otra vez, ser un método consistente y eficaz para crear manifestaciones físicas, estados emocionales y sincronicidades inexplicables. Nuestros pensamientos tienen más capacidad para afectar a nuestra realidad de lo que por lo general advertimos. Algunos afirmarían que toda creación procede del poder del pensamiento, del pensamiento de Dios.

Me aventuraría a decir que la *convicción* de que el proceso va a funcionar es motivo suficiente para que se manifiesten sus gloriosas posibilidades. A lo largo de mi práctica, he sido testigo de este fenómeno en muchas ocasiones. El sistema de creencias de un paciente o de un terapeuta puede manifestar íntegramente los resultados deseados. En otras palabras, si estamos convencidos de que funcionará y nos empeñamos en confirmarlo, nuestro mero intento será suficiente para producir los efectos deseados. Para mí, ésta es la prueba última de que realmente somos poderosos creadores.

¿Cómo funciona?
La Ley Universal

A quienes estén más habituados a los temas metafísicos les diré que cuando solicitamos la ayuda del Universo estamos invocando a la Ley Universal. Este fenómeno es la consecuencia natural de una ley que se aplica a todos nosotros y que va más allá de la voluntad de establecer objetivos, del pensamiento positivo o de las afirmaciones.

La denominada Ley de la Atracción es un principio que afirma que la vibración creada por nuestros pensamientos y sentimientos envía una señal magnetizada al Universo y éste nos devuelve su resonancia. Literalmente, ¡el Universo nos envía los objetos que nos interesan!

Sin duda alguna, muchos de vosotros habréis leído libros, escuchado cintas o asistido a talleres que se ocupaban de una u otra forma de la Ley de la Atracción. Muchos maestros han compartido este mensaje a través de los siglos (recuerda, por ejemplo: «Aquello que siembres, cosecharás», «Todo lo que circula retorna» y la regla de oro). Si quieres conocer el tema más a fondo, podrás encontrar una enorme cantidad de fuentes de información que lo analizan en profundidad. Por ejemplo, podrías buscar en la sección de literatura inspiradora de una librería o introducir «Ley de la Atracción» en tu buscador favorito de Internet.

¿Quién lo sabe? ¿A quién le importa?

La verdad es que no creo que nadie pueda decirte con absoluta certeza cómo funciona este proceso. Como sucede con muchas cosas en la vida, hay en él un elemento de misterio que, en última instancia, debemos aceptar con pura fe. Pero desde mi punto de vista, eso es insustancial. Independientemente de que sepamos o no cómo funciona, se trata de una maravillosa manera de vivir que nos brinda grandes alegrías y la magnífica sensación de ser creativo. ¿Existe alguien que no aspire a algo así? ¿Cómo funciona? No tengo la menor idea. ¡Simplemente funciona!

De todos modos, no puedo prometer que el proceso de contratar los servicios celestiales funcione para todos. Ninguna idea es adecuada ni oportuna para todo el mundo. Todo lo que puedo decir es que lo intentes. Quizás no obtengas resultados evidentes de inmediato, pero cuanto más te concentres en tu intención, cuanto más gobiernes tu energía positiva, más probable será que se manifiesten los resultados que deseas. Si te entregas a la experiencia como el pato se deja caer en el agua, entonces echa a volar –o a nadar– en ella. Si no sucede nada, te ruego que no sientas que el problema eres tú. Existen muchas puertas para acceder a una relación laboral con el Espíritu.

Capítulo 11

¿Cuánto me costará?

Como el término *contratar* implica algún tipo de pago, también recibo innumerables preguntas sobre el coste del proceso. El mero pensamiento de contratar los servicios celestiales produce todo tipo de incertidumbres asociadas a nuestra capacidad para ganarnos la ayuda que recibimos y pone de manifiesto algunas de nuestras creencias más populares sobre lo que nos merecemos, sobre la lucha y las carencias. Estoy aquí para serenar tu mente. Te encantará saber de qué forma se paga al mundo espiritual. Vamos a estudiar cómo se produce el intercambio de energía en la dimensión no física.

No tienes que ganártelo

Voy a darte una buena noticia: no tienes que ganarte la ayuda de tu plantilla celestial. No es necesario que inviertas parte de tu tiempo en un ambiente religioso ni en la devoción, la plegaria o la meditación. La ayuda espiritual te pertenece por el mero hecho de estar vivo, del mismo modo que no tienes que ganarte el aire que respiras.

Cuando estaba inspirada escribiendo este libro, recibí un mensaje esencial. Tus ángeles *desean* que los incluyas en tu vida. Que los invoques. Ansían que tú sepas que su energía amorosa está a tu disposición en cualquier momento, lugar y situación aunque tú pienses que todo eso es una trivialidad. Ellos nunca están más lejos que tu próximo pensamiento.

¿Un salario espiritual?

Quizás te preguntes: «Cuando contrato esta energía, ¿qué es lo que doy a cambio?». Lo maravilloso de este proceso es que el pago se realiza con la única forma de divisa que conoce el mundo espiritual: *el amor y la alegría.* El intercambio energético en el éter es una cuestión vibratoria; y no hay mayor nivel de vibración que la que producen el amor y la alegría. Ésta es otra de las situaciones en las que todos ganan. Cuanto más amor y alegría experimentes, más tendrás para dar a los demás. Y cuanto más amor y alegría experimenten *ellos*, más tendrán para ofrecer. Y así sucesivamente.

Pero aún hay más. Así como debes hacer algo para generar el flujo físico de dinero, también debes hacer algo para generar la divisa espiritual del amor y la alegría. Y eso es...

Efectuar el pago a través de la presencia

Tienes que despertar y experimentar la vida con una presencia más profunda que nunca. Hacerlo requiere modificar tu percepción para que tu conciencia se expanda y asuma la responsabilidad de quien realmente eres.

Vamos a mirar otra vez el dibujo final del capítulo 6.

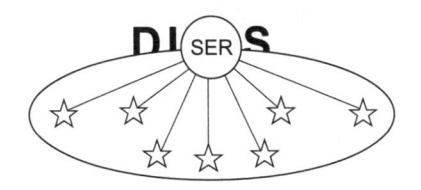

¿Comprendes el significado del término *Ser* que constituye la O de la palabra Dios? Acepta que eres un creador junto con Dios y con los Espíritus de la Creación, y que Dios experimenta y crea *a través de ti*. ¿Sabes lo importante que eres y de qué forma el Universo cuenta *contigo*? Éste es el cambio de percepción que lo modifica todo:

Efectuar el pago a través de la presencia significa que mediante tus ojos estás viendo el mundo tal como Dios lo ve.

Éste es un tema muy amplio. Detente un momento a reflexionar en él, pero no dejes que te intimide. Limítate a comprometerte con la idea de ser el creador de tu mundo, con plena autoridad para invocar el poder divino que existe dentro de ti, así como el poder del Cielo. Considérate como un creador y no como alguien que no tiene opciones. Toma la determinación de ser profundamente consciente de la perfección de todo lo que te rodea cada día. Elige pensamientos y palabras de gratitud cada vez que se presente la oportunidad. Anímate a participar en tu vida con plena conciencia. Vive menos tiempo con el piloto automático y más tiempo consciente. Reconoce los momentos en los que empiezas a preocuparte por las penosas tareas diarias de la vida, y luego respira profundamente y recuerda quién eres realmente y *Quién está experimentando tu vida contigo*. Esto es lo que significa «ampliar tu conciencia», y supone una enorme responsabilidad. ¡Llevas a Dios contigo!

Cuando te entregas a esta forma de ser, generas un flujo energético de amor y alegría, creando literalmente esas vibraciones allí donde antes no existían. Tus sonrisas y risas se expanden a través del tiempo y del espacio, aumentando la alegría en la Tierra y también en el reino espiritual. *Así es* como se paga al mundo espiritual. Es el único pago necesario y todos podemos costearlo.

El viaje no es gratuito

El hecho de saber que puedes recurrir a un ayudante celestial con talento que anhela ayudarte acaso te haga pensar que todo lo que debes hacer es reclinarte en tu asiento y delegar funciones. Por el contrario, tu primera responsabilidad –y la más importante– es *crear*. ¡Y puedo asegurarte que vas a estar muy ocupado! Tu trabajo es imaginar la forma más maravillosa de disfrutar de tu vida y de todas las emocionantes aventuras que deseas experimentar. Luego, concéntrate en tus tareas. Si pides ayuda a los Espíritus de la Creación para un determinado proyecto pero luego te niegas a involucrarte en él, no habrás conseguido nada. En realidad, hay un sinfín de cosas que deberás hacer tú. Sin embargo, observarás que todo fluye fácilmente y que tu trabajo parece un juego. Te encantará descubrir que no es necesario luchar para conseguir tus metas.

Por ejemplo, si estás buscando un empleo puedes contratar asistentes celestiales que te ayuden a encontrar el puesto perfecto, pero eres tú el que debe ir a las entrevistas y hacer el trabajo. ¿Recuerdas la historia sobre el asesor espiritual que me acompañaba a comprarme ropa? En ese caso, la ropa no apareció en mi armario como por arte de magia. Fue necesario que saliera de compras. Lo mismo sucedió cuando pedí una plantilla espiritual que me ayudara a escribir el libro: tuve que pasar horas y más horas desarrollando mis ideas y volcándolas en el papel. ¿Qué habría sucedido si me hubiera negado a coger un bolígrafo?

Contratar los servicios celestiales no es un viaje gratuito, pero te garantiza que será más divertido, ¡e infinitamente más creativo!

Capítulo 12
Tu propia realización

Pon al cielo a trabajar

Mi esperanza y mi intención es que este libro te brinde una nueva perspectiva de tu naturaleza divina y una nueva conciencia de la estimulante relación personal que tienes con el Espíritu.

Abre las Páginas Amarillas Universales y comienza de nuevo a crear tu mundo con renovado entusiasmo. Vuelve a descubrir tus sueños olvidados y escribe un guión emocionante para tu vida. Al cabo de poco tiempo te sorprenderás al comprobar con qué facilidad se manifiestan tus deseos y tus anhelos. El alegre don de descubrir cosas sin proponértelo será una compañía constante, en cuanto permitas que el Universo se ocupe de la realización de tus sueños.

Solicita asistencia para todo lo que emprendas, sabiendo que darás una gran alegría a tus ayudantes divinos, de la misma forma que ellos te alegran a ti. Permanece en una actitud receptiva para poder experimentar completamente las fantásticas soluciones que ellos llevan hasta tu puerta.

Tómate tiempo para cultivar una relación estrecha con tus compañeros celestiales, visitándolos con frecuencia. Habla con ellos del mismo modo que si fueran amigos de la Tierra. Todos los empleados necesitan que los reconozcan, que los elogien por sus esfuerzos productivos, y lo mismo sucede con tus ayudantes celestiales. Elógialos, agradéceles su maravilloso trabajo y demuéstrales cuánto aprecias su amorosa presencia en tu vida.

Pide el bien superior para todo lo que tenga que ver con tus intereses, dejando que tus asistentes celestiales se ocupen de los detalles. Confía en el orden divino. Disfruta del proceso y recuerda que tu vida es una labor en constante evolución. Recorta la tarjeta Ángel Express y nunca te marches de casa sin llevarla contigo.

Y luego cierto día...

Sucederá. Un día, como cualquier otro, te levantarás por la mañana, conducirás el coche o te sentarás a cenar y, de repente, te sentirás invadido por una increíble sensación de alegría y respeto reverencial que te emocionará hasta las lágrimas. Y entonces lo comprenderás. Durante al menos un instante *reconocerás en tu corazón* el Ser Divino, el Dios y el Creador que eres *tú*. Y te sentirás muy honrado de formar parte de eso que llamamos vida. Por último, experimentarás la innegable conexión con el Espíritu. Y aceptarás el don que te ha sido dado y el don que tú eres.

Agradecimientos

Pon al cielo a trabajar

¡Oh Dios, he aquí mi libro!

Deseo agradecer a mis correctoras: Laurie Masters, que me ayudó a levantar el vuelo con este proyecto, y Judy Patton, sin cuya ayuda nunca hubiera podido tomar tierra.

Gracias a toda la plantilla de New World Library por su dedicación para mejorar el manuscrito y por sus previsiones para presentar este libro al mundo.

Gracias también a los muchos amigos, pacientes y conocidos que me inspiraron para escribir.

Y mi agradecimiento especial a mi marido, Eric, que siempre me ha dado alas para volar.

Acerca de la autora

Jean Slatter es una terapeuta naturista intuitiva, titulada en nutrición, fitoterapia y naturopatía. También es una inspirada conferenciante y coordinadora de talleres que ayuda a las personas a encontrar la alegría en todas las facetas de la vida. Vive en el norte de California con su marido y sus cuatro hijos. Visita su página web: www.jeanslatter.com

Ángel
Banco de la Creación
El Universo a tu servicio
Tarjeta Express
1258 0330 8345
Hoy / siempre / para siempre
Tu nombre
Fecha de validez

Ángel
Banco de la Creación
El Universo a tu servicio
Tarjeta Express
1258 0330 8345
Hoy / siempre / para siempre
Tu nombre
Fecha de validez

Hojas de trabajo para los grupos celestiales

Hoja de trabajo para los grupos celestiales

Nombre de tu grupo: _____
_____

Definición de la misión: _____
_____
_____

Miembros del grupo: _____
_____
_____

Lista de tareas: _____
_____
_____
_____
_____
_____
_____
_____
_____
_____
_____
_____
_____

Hoja de trabajo para los grupos celestiales

Nombre de tu grupo: _____
_____

Definición de la misión: _____
_____
_____

Miembros del grupo: _____
_____
_____

Lista de tareas: _____
_____
_____
_____
_____
_____
_____
_____
_____
_____
_____
_____
_____
_____

Hoja de trabajo para los grupos celestiales

Nombre de tu grupo: _____
_____

Definición de la misión: _____
_____
_____

Miembros del grupo: _____
_____
_____

Lista de tareas: _____
_____
_____
_____
_____
_____
_____
_____
_____
_____
_____
_____

Pon al CIELO a TRABAJAR

Hoja de trabajo para los grupos celestiales

Nombre de tu grupo: _____
_____

Definición de la misión: _____
_____
_____

Miembros del grupo: _____
_____
_____

Lista de tareas: _____
_____
_____
_____
_____
_____
_____
_____
_____
_____
_____
_____
_____

Hoja de trabajo para los grupos celestiales

Nombre de tu grupo: _____
_____

Definición de la misión: _____
_____
_____

Miembros del grupo: _____
_____
_____

Lista de tareas: _____
_____
_____
_____
_____
_____
_____
_____
_____
_____
_____
_____
_____

Hoja de trabajo para los grupos celestiales

Nombre de tu grupo: _____
_____

Definición de la misión: _____
_____
_____

Miembros del grupo: _____
_____
_____

Lista de tareas: _____
_____
_____
_____
_____
_____
_____
_____
_____
_____
_____
_____
_____

Hoja de trabajo para los grupos celestiales

Nombre de tu grupo: _____
_____

Definición de la misión: _____
_____
_____

Miembros del grupo: _____
_____
_____

Lista de tareas: _____
_____
_____
_____
_____
_____
_____
_____
_____
_____
_____
_____

Índice

Elogios para *Pon al cielo a trabajar*	7
Prefacio. Preparando el escenario	9
1. Trayendo el Cielo a la Tierra	13
2. Contrataciones en el Reino Espiritual	17
3. Da trabajo ya	23
4. Contrataciones celestiales en acción	27
5. El momento fundamental	39
6. La visión global	53
7. Contratando ayudantes como lo hace el Creador	63
8. Diseñando tus grupos de trabajo	77
9. Conversando con el Espíritu	85
10. ¿Cómo funciona?	91
11. ¿Cuánto me costará?	95
12. Tu propia realización	101
Agradecimientos	103
Acerca de la autora	105
Hojas de trabajo para los grupos celestiales	109